U0086029

Change & Transform

想 改 變 世 界 · 先 改 變 自 己

Change & Transform

想改變世界·先改變自己

從負債
2000萬到
錢錢
滾進每一天

15個讓財運爆表的富習慣，
活出宇宙法則，
財富與幸福自然湧向你！

日本人氣心靈教練×能量手環設計者
小池浩 Koike Hiroshi 著

林佩瑾 譯

各界推薦

我們這輩子要賺多少錢，牽涉到我們想要的是什麼樣的人生。有大老闆賺到的錢，足以花好幾輩子了，但依然遊走法律邊緣想獲取高額報酬；也有人過著極簡生活，享受無欲無求的輕鬆。重點是：我們如何使用錢，轉化為讓我們滿意的生活呢？我們喜歡過這種生活的自己嗎？

小池浩先生的系列作品，帶給我許多樂趣，我也跟不少讀者分享。要檢視我們的生活，還是要先化約成幾個重要的生活習慣來談。

其中，跟金錢有關的生活習慣，像是我們能不能有意識地使用金錢讓自己開心，可以透過這本書好好梳理。

祝福各位讀者，不管賺多少錢，都能找到讓自己感覺幸福的生活方式！

洪仲清（臨床心理師）

作為一個理工科背景的人，最初在學投資之前，我對於「信念」、「潛意識」會影響財務，其實是感到非常懷疑的，因為這聽起來並不科學。

但學習投資理財過程中，我觀察到許多書籍都談論到思維方式與心態的重要性，因此抱著試試看的心態，開始根據一些書上的說法，也去改變自己的想法。畢竟假裝一下也沒有損失，但萬一真的有用呢？

而多年後，我自己的財富的確發生了改變。

回顧當初，影響自己最大的，並不是科學的工具或方法，而是自己的心態和價值觀，影響了人生過程中一個又一個選擇，而這些選擇，的確也帶自己一步步與財富更加接近。

本書看似在談金錢，其實是藉由談對金錢的看法，試著去改變我們自身的價值觀與思考方式，進而讓我們人生有機會做出更好的選擇。

在這本書中，作者用輕鬆的方式引領人們慢慢地去轉變一些既有的思考傾向，期待你也能從中有所收穫。

許繼元（Mr. Market市場先生、財經作家）

回想三年多前，感謝當初看了《從負債2000萬到心想事成的每一天》（宇宙先生系列的第一本書），並且因為全心相信，開始練習改變口頭禪，並且與學生分享，後來還拍了YouTube影片，這一系列順著心而行動，使我有機會接到第二本、第三本宇宙先生系列書籍的推薦邀約。

宇宙先生從來不打誑語，只是我們是否聆聽以及立即行動。

這次很榮幸再次接到李茲文化的邀請，我也趁機再次把前面的系列作者複習。依然感動！宇宙先生總是懇切地對我們大聲疾呼：你的訂單全部都實現了！只有你能決定自己要過怎樣的人生，也再次告訴我們改變是可能的。

這次的主題是大家都很有興趣的金錢。

我做教學與個案多年，有許多人把問題的焦點放在「沒錢」，而非如何創造。常常把錢放在最高的位置上，卻忽略了你的人生也很重要。

總覺得「如果沒有錢，就不可能完成某些事」。但事實上，如果你真心想完成，即使沒錢一定也會有替代方案。所有的富豪都不是有錢才開始的。

我也曾在我自己的書上分享過：當初我想要學習一個費用昂貴的課程，我很確定這是我要的，但我沒有存款，於是我選擇把陪伴我多年的鋼琴賣掉，拿去上課。但我在上完課後迅速的把所有的學費賺回來。

我也曾經很想要出國學語言，但是我的家人無法資助我，於是我找到打工度假的管道，一邊賺錢一邊浸泡在國外的環境裡，也因為我不被錢卡住而是選擇去過我要的生活，所以那一年我反而玩得很開心，最後還帶了幾十萬存款回國。

本書第一章開宗明義地就說：不要把錢供奉著。

我也是這麼認為，我在教學的時候總和學生說：金錢是精靈，喜歡開心使用它的人，喜歡善於創造的人，你和金錢是合作夥伴關係，如果你是金錢，你喜歡怎樣的夥伴呢？

我很期待操練這本書之後，我又會發生什麼奇蹟了。

張韋婷（歐拉，《如果你不為自己而活，誰為你而活》作者）

真開心，又看到小池浩的新書《從負債2000萬到錢錢滾進每一天》。迫不及待一頁頁的認真翻看，腦中的靈感也不斷的湧現綻放，「沒錯！我們的人生就該如此。」

書中一再的提示我們要記得把錢錢當朋友，透過擬人化的互動，這樣錢錢才能呼朋引伴創造綿綿不斷的強大力量。

如同我在心想事成的課程中常分享，當我們消費時，在心中默念著：「我所花出去的每一分錢，皆能創造經濟的繁榮與幸福的美好，這樣子，回饋到我身邊的，將會比我想像的更多、更好。」花費了越多，與自己的金錢能量也互動更多，植下的信念也越多，所造就的環境和氛圍也就更多、更美好。

如此一來，我們花出去的錢，並不是單純的浪費，而是開啟了循環，賦予更大的意義。就像是錢錢帶著我們的期盼去旅行，並且在旅行途中結識了更多的錢錢伙伴，錢錢滾錢錢，給予更豐富的環境來實現更富裕的生活。

這本書實在太好看了，多多閱讀幾次，可以累積出更多豐盛的金錢動能，和實質的物質資產呦！

安一心（華人網路心靈電台共同創辦人）

很榮幸成為這系列作品的連續推薦人，也因著閱讀這系列的書，宇宙先生真的帶給我源源不絕的祝福，幫助我活用宇宙的法則，正確的意念與言語表達，改變口頭禪，讓自己成為好運體質，也帶來許多幸運與好處。

這次宇宙先生更將帶來財運爆表的富習慣，因著閱讀宇宙先生系列，我已經心靈自由了，我相信透過閱讀而行動，財富自由將離我們更近，書中自有黃金屋真的不假。

鄭俊德（閱讀人社群主編）

這看起來像什麼？

「一萬圓鈔票」？

讀了這本書，

這東西，

就會變成

這東西。

大家好！我是小池浩。
背負兩千萬債務的我，九年後終於還清債務。
無債一身輕，在那之後，我順利過著心想事成的每一天。
沒錯，多虧「虐待狂宇宙先生」的魔鬼訓練，
我成功達成了人生大逆轉。
我在負債地獄中得到了哪些提示？
我實際上做了哪些事？我與金錢之間產生什麼變化？
回首以往，終於看見「金錢的真相」，
上述的所有體驗與心得，全在這本《從負債2000萬到錢錢滾進每一天》當中。
我邊寫邊回憶當年，有時不禁鼻頭一酸，心想：
「原來，當年我做得很好嘛！」
「當時每天都只能拚命在黑暗中獨自摸索，
但從宇宙的角度看來，原來出口早就為我準備好了。」
我希望能藉由這本書，為經濟狀況不寬裕的人送上最真誠的鼓勵。

說到我最近的口頭禪，就是：

人生的「起承轉合」，最後要以「笑容」結尾！

因為從靈魂的角度看來，一切的結局，都是圓滿大結局。

金錢也不例外。無論多麼為錢所苦，

都不應該只針對「苦」的部分鑽牛角尖。

就拿我來說吧，「開了一家夢寐以求的店」→「背一屁股債」→

「痛下決心，向宇宙下訂單」→「還清債務」→

「一家人和樂融融地笑著回憶當年」——

你看！最後是以「笑容」收尾！

本集的故事背景是夏威夷，我最喜歡的熱情島嶼！

在宇宙中，有許多不同的平行宇宙，你也有許多不同版本的人生。

在其他平行宇宙中，有個版本的我不僅還不了債，也孤苦無依……

到頭來，只有你能決定自己要過怎樣的人生。

沒錯，這個故事，是平行宇宙的我——另一個小池的故事。

好了，精采絕倫的金錢故事，即將開鑼！（好想早點去夏威夷喔！）

登場人物介紹

小池（小池浩）

開了一家夢寐以求的服飾店，生意卻慘兮兮，才三十幾歲就被黑心顧問所騙，背上兩千萬債務（當中有六百萬是高利貸）。他向宇宙下了「十年還清債務」的訂單，改變負面口頭禪，進而還清債務，人生大逆轉。本書的小池是平行宇宙的小池，他在還清債務後搬到了夏威夷。

來自宇宙的公雞頭浮游生物。負債兩千萬的小池不敢自殺也當不了街友，絕望地大喊：「我什麼都做，救救我！」這一聲呼喚了宇宙先生，因此特地前來相助。靠著魔鬼訓練改變小池的負面口頭禪與行為，是這齣人生大逆轉劇作的大功臣。喜歡用紙扇。

虐待狂宇宙先生（偉大之泉）

豬豬（金錢之神）

化身為小豬存錢筒的「金錢之神」，專門掌管錢錢。祂的體內，是無窮無盡的廣大宇宙。豬豬現身在小池面前，闡述金錢正逐漸從紙鈔與硬幣蛻變成其他形體，也闡述金錢的本質與能量。

烏鴉天狗

神明網的使者之一。
常在神社附近飛舞。

小緣

神明網的使者之一。
她會幫忙牽紅線。

友情客串（找找看，祂們在哪裡？）

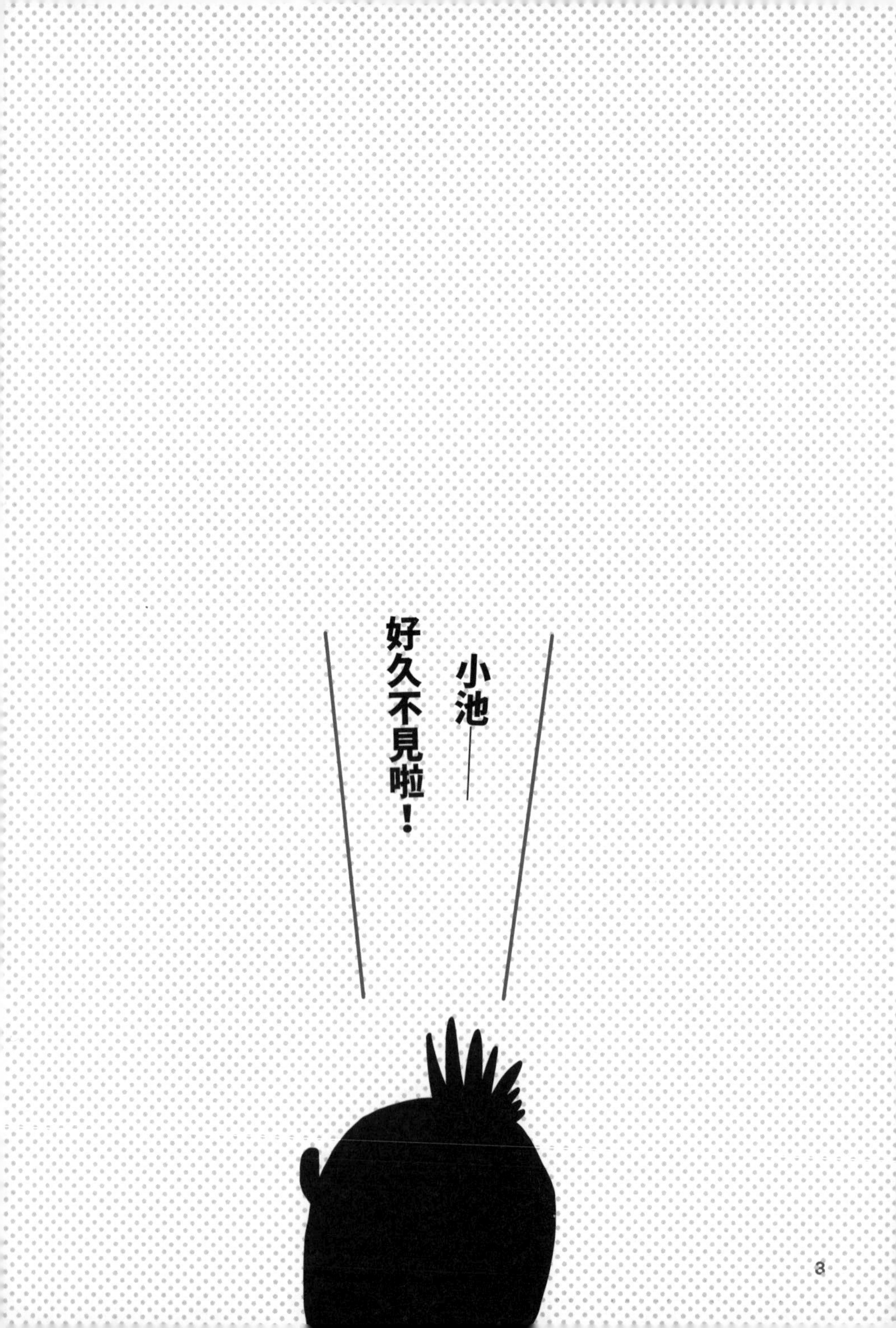
小池——
好久不見啦！

序幕

我——小池，現在正快樂地在夏威夷生活著。

在這裡，我依然四處舉辦演講與講座，向許多人分享宇宙法則與實現願望的方法，也與來賓們一同烤肉、玩水上活動。

我發掘了在日本無法體驗的美妙樂趣，我的人生下半場，簡直就是盛夏時節！

我對遊玩與工作都不設限，每天充滿活力。

有一天，我走在海灘上，不經意看到一團半埋在沙中的粉紅色物體，於是停下腳步。

「這是什麼啊？」

我正想將它抬起來觀看，那長得像瓷器的東西卻忽然發出「嘿咻」一聲，從沙中抬起頭來！

「小池啊，你過得好嗎？」

「呃……你哪位？」

「你居然忘了我，我好傷心喔。

我叫做豬豬，是金錢之神。」

「咦！你是金錢之神？

可是無論怎麼看，你都像個小豬存錢筒……」

「看起來的確很像存錢筒。」

「難、難道你不是存錢筒？」

「就說了我是神明嘛。我是金錢之神。」

豬豬無視我的驚訝，繼續往下說。

「金錢之神的外型，看起來不一定像金錢。說起來，金錢的形體，也不僅止於紙鈔或硬幣：金錢變成了存摺上的數字與數據，逐漸跳脫了以往的物質型態。我也不

例外。我是個存錢筒，同時也不是存錢筒；請看看我背上那扇門，那正是通往宇宙的入口。」

語畢，豬豬轉身背對我。

「咦？背上的門……這不就是投幣孔嗎？」

「是的。不過，這並不是投幣的地方。」

「咦？不是嗎？」

「是的。人類從這個孔投進去的，並不是錢幣。」

「那麼，要投入什麼才好……？」

「來，你好好仔細看看裡面……」

在這位自稱是金錢之神的豬豬催促下，我只好仔細端詳投幣孔……

呃！
「喂，小池——！
好久不見啦——！」

噗噗——！
投幣孔深處傳來粗野的聲音，說時遲那時快，
我就這麼被吸到孔裡去了！

投幣孔的另一端是一片廣大的銀河，閃亮的金黃色光粒子，從上頭飄舞而下。

「哇啊啊啊，這是什麼啊！金黃色的宇宙？」

有個白色物體一邊與飛舞的閃亮光粒子玩耍，一邊朝我滾過來。

它離我愈來愈近……

咚——！

「嘿！」

那東西突然撞上來，輕盈地現身在我面前——這不是好久不見的虐待狂宇宙先生嗎！

「嘿什麼嘿！宇宙先生，好久不見啦！」

「你這小子，想不到你終於能看到這空間啦。我看你混得不錯嘛！」

「這裡是哪裡？」

「這裡也是宇宙空間之一，而且是金錢的領域。廣大無垠的金錢集體潛意識場域，也可以稱為財富宇宙。」

「財富宇宙？」

「對。沒錯吧？豬豬。」

「沒錯，沒錯，正是如此！」

豬豬的聲音，迴盪在整個宇宙空間。

「啊，這裡是存錢筒——不對，這裡是豬豬的體內，對吧？可是，存錢筒不就是用來存錢的容器嗎？怎麼可能有這麼廣大的空間？」

「你們這些在物質世界（地球）當人類的靈魂，老是喜歡擅自解讀，以為金錢跟容器有界限。」

「擅自解讀？」

「沒錯。廣大無垠的宇宙，財富是無限的，可能性也是無限的。」

「存錢筒裡有無限的世界？可是，既然存錢筒通往這個空間，那我們把錢投進存錢筒後，錢到底去了哪裡？我們到底存了什麼？」

「你說到重點了！這就是重點！聽好了，這存錢筒裡有兩種系統，要選擇『有限』還是『無限』，全由人類自行決定。」

「兩種系統？」

「沒錯。如果投幣者認為自己只是在『存錢』，那麼這就是普通的存錢筒，具有空間的限制。然而，存錢筒跟存摺這類用來存錢、也能讓你看見錢的物質，其實是連結宇宙無限財富的開關。」

「如果能連結宇宙的無限財富，會發生什麼事？」

「那還用問嗎？在存錢筒投入一枚財富，那枚財富，就能化為開啟財富宇宙之門的鑰匙，使無限財富流入當事者的宇宙中。」

「可是，世界上有很多人明明存了錢，卻沒有開啟無限財富的連結呀？」

我感到納悶。

此時，存錢筒中響起豬豬的聲音。

「就是說啊──我對此一直感到很難過……如果人們能發現財富是無限的，只消投入一枚硬幣，就能開啟大門了說……很多人都是嘴上喊著『省錢、省錢』，然後板著臉把錢投進來。這麼一來，我的體內……只會是普通的有限容量存錢筒。」

「小池，你以前也存過錢吧？你不是有個五百圓硬幣存錢筒嗎？」

「是啊，當然有！每次把錢存進去時，我都快樂得不得了，甚至開心得一邊唸著：『啊，夏威夷夏威夷』『啊，露營露營』呢……！」

「這就對了，那就是選擇了『無限』的存錢筒。你看我把你教得多好！」

「對我而言，**投下五百圓硬幣不只是存錢，而是將宇宙訂單寄託在硬幣上**。」

「對，你說的沒錯。**從一枚五百圓硬幣想像出無限的未來**，一臉賊笑的小池啊。你存入存錢筒的，並不是單純的金錢。」

「看待一枚硬幣的角度，居然是連結財富的關鍵……？」

「沒錯。聽好，既然你知道了，就有義務告訴大家……如何連結無限的財富！如何與金錢之神產生連結！」

「沒、沒有啦，我哪有做什麼了不起的事！我只是逗錢錢笑而已啊。我只是心想，希望錢錢可以開開心心的……」

宇宙先生頓時眼睛一亮。

「對！就是這個！逗錢錢笑……這就是信任錢錢，打開財富之門的方法！」

「逗我們錢錢笑……這句話聽起來好棒喔。」

此時又響起豬豬開心的聲音。

「喂，小池，今天的講座，你就策劃個『錢錢劇場』小活動吧！然後呢，你必須一口氣公開連結財富的方法！」

「什、什麼錢錢劇場啊！咦，今天？不要鬧啦！」
「說這什麼鬼話，我不是說過嗎？每件事都要立即行動，宇宙隨時都準備好了！喏，我幫你搭個舞臺吧，有點陽春就是了。」
「真不愧是宇宙先生，看起來真棒。既然主題是『逗笑』，那就是小短劇囉？畢竟是劇場嘛。既然當不了NGK，[1]那就當KMG囉。」
「KMG，豬豬你……」
「是的，就是小池（K）、Money（M）、劇場（G）啊。」
「喔？不錯嘛，豬豬！看樣子我們合得來唷。」
兩人笑鬧了一陣子之後，對我說道：
「好了，小池！趕快來排演吧！」

1 なんばグランド花月，吉本興業旗下的劇場。

目錄

第2章 給予錢錢「城堡」與「回憶」！

第3章 想招財，就光明正大動起來！

第4章

花錢最高準則：逗錢錢笑！

第5章 解開錢錢的詛咒！

第1章

不要把錢錢供起來膜拜！

想要發大財，先做「這件事」

1
錢錢劇場

「錢錢」與「人生先生」，
都住在小池的宇宙中。
小池每天都很珍惜「人生先生」，
他在與「錢錢」共事之餘，
也非常尊重「人生先生」的意願。

「錢錢」與「人生先生」，
都住在阿浩的宇宙中。
阿浩每天都很珍惜「錢錢」，
他崇拜「錢錢」，
看「錢錢」的臉色過活，
對「人生先生」
總是置之不理。

在小池的宇宙中，
錢錢努力工作，
人生先生享受生活，
小池與家人每天都過著幸福的日子。

在阿浩的宇宙中，
錢錢大鬧了一番，
離開了阿浩。
現在只剩下阿浩與人生先生相依為命，
每天都有人來討債。

希望錢錢喜歡我！希望錢錢愛我！

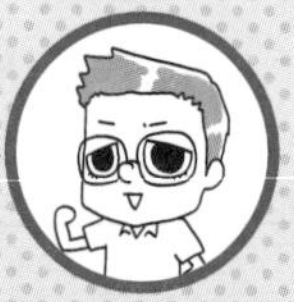

的確，有錢人都受到錢錢的喜愛，
前提是——必須先做對一件事。

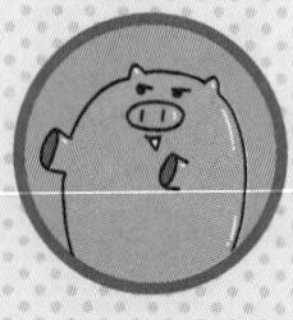

哪、哪件事？

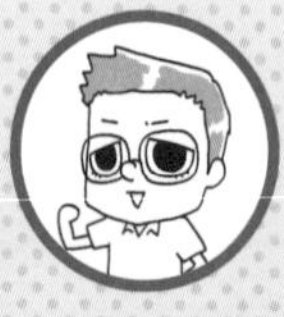

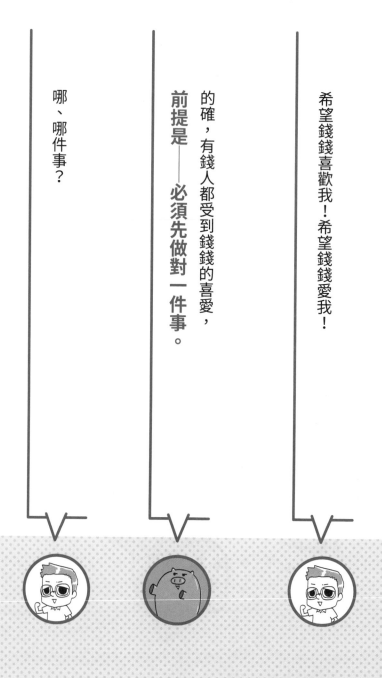

有錢人的祕訣只有一個！

那就是公平對待自己的
「錢錢」與「人生先生（小姐）」！

將「錢錢」放在心中第一位的人，
不可能成為真正的有錢人！

首先，你必須格外重視自己的
「人生先生（小姐）」！

自己當自己的「人生先生（小姐）」經紀人，
想想該如何讓自己的人生發光發熱吧！

重要的是「錢」？還是「人生」？

「如果有錢，我的人生就能幸福美滿了，可是……」
「如果有錢，我的夢想就能實現了，可是……」
「如果沒錢，我的人生就完了。」

愈是缺錢的人，愈是常被金錢牽著鼻子走。

他們說的話在我聽來，就像把金錢與自己的人生放在天秤的兩端。

如果有錢就能得到幸福，如果沒錢，就得不到幸福。

我覺得很多人都將金錢看得比人生還重要，將金錢視爲「強悍而偉大的化身」，一方面崇拜、膜拜金錢，一方面又畏懼金錢。

不過，各位難道不覺得奇怪嗎？

我對各位說過很多次，我們每個人都有一個以上的宇宙。

宇宙的造物主就是你自己，你就是神。

在你的世界中，每個化身都是你。

……基於以上理由，金錢也是你自己。

結果，你卻被金錢牽著鼻子走，這是怎麼回事呀？

在學習心理學的過程中，我終於明白原因何在——因爲從我們出生到現在，累積了太多對於金錢的誤解。

我也經歷過負債兩千萬的時期，當時我處於「背債背到隨時都想大哭」的狀態，因此非常了解人生被錢掐得緊緊的感覺。沒錯，我的第一本書《從負債2000萬到心想事成每一天：15個實現願望的口頭禪，符合宇宙法則，越說越好運！》當中那句名句「涕淚縱橫的小池」，正是我當時的寫照。

「我的人生被債務壓得喘不過氣，接下來該怎麼過日子？」

「每天做牛做馬，卻還是賺不到錢。」

我懷著上述想法每天追著錢跑，卻總是賺不到錢，日子過得苦哈哈，簡直就是整個人生都活在金錢的控制之下（事後我才明白，其實這只是我的錯覺）。同時，我也認爲「我的不幸，都是缺錢造成的！如果有錢，我就能得到幸福了！」並對此深信不疑。

然而，後來發生了一件事，使我的金錢觀產生變化。

那就是——

我對宇宙下了一個訂單。

「我要花十年還清債務。我還清了！我要組一個最棒的家庭，一定要得到幸福。我得到幸福了！」

下訂單後，我開始積極行動，對債務與金錢的觀念完全改變，大大加速了還清債務的速度。

我發覺，原來金錢並不是萬能的。

我將「沒錢」當成理由，主動放棄了「走向幸福人生」的道路。

無論我有沒有錢，
都要讓小池浩的「人生先生」得到幸福！
沒錢又怎樣？
就算沒有錢，也不能阻止我追求幸福！

下定決心那一天的點點滴滴，現在回想起來，依然如昨日般鮮明。

沒有錢，不代表你不能追求幸福。我因此茅塞頓開，驚覺換個角度，同樣一句話就變成了：

就是因爲你放棄追求幸福人生，才會賺不到錢。

有時候換個角度，就能看到答案。

你是你的宇宙及「人生先生（小姐）」的最高負責人、CEO及經紀人。爲了讓人生先生（小姐）得到幸福，該採取的第一個行動是什麼？

就算背了一屁股債，就算現在工作不順利，那又怎樣！

我一定要得到幸福！

我一定要讓自己得到幸福！

所以別擔心！

……你必須用這樣的心態看待金錢。

先將「我沒錢所以辦不到」這個理由擱在一旁，從當下能做的事情開始著手。

如此一來，你就能逐漸明白「自己究竟是如何走入缺錢的窘境」。

人生與金錢，不能放在天秤上衡量。

因爲你最應該重視的，始終是你的「人生先生（小姐）」。

如今我深刻體驗到，提升財運的第一要件，就是別再膜拜金錢，抬起頭來重整旗鼓！

如果把「賺錢」當目的，就會產生盲點

我們在看待金錢時，如果將「賺錢」當成目的，一旦賺不到錢，就會感到痛苦。因此，更重要的應該是「終點在哪裡」，爲它設定一個故事。

目的不是錢，而是花錢。

最後，一定要有個快樂結局。

身爲與「人生先生」攜手同行的一員，我對金錢懷抱著愛與敬意，因此稱之爲「錢錢」；而宇宙所重視的，是「錢錢」所擁有的故事，以及故事中的起承轉合。

因此，最重要的就是：自己想擁有什麼樣的人生？你想塑造出什麼樣的「人生先生（小姐）」？

比如說，如果是一部電影，故事的目標就是「環遊世界一圈，讓自己與妻小看看這個美麗的世界」，因此主角拚命省吃儉用存了五百萬，結果卻是——「還是把錢省下來好了，環遊世界就算了啦」——不會有這種劇情吧？

先踏出第一步，接著歷經一番波折，終於有錢環遊世界，全家人開開心心出遊，連聲讚嘆：「這個體驗眞是太棒了。」「好幸福喔。」「地球好美唷。」「好快樂呀。」

賺錢、花錢、綻放笑容。這就是宇宙訂單的起承轉合，是一整套流程。直到回到家中，遠足才算結束[1]（這比喻爛透了）。花錢並不是終點，直到最後露出笑容，花錢的流程才算結束。

各位務必用全套流程的觀點來思考。當故事結束之後，流程中所花費的「錢錢」也會變成幸福的粒子，回到宇宙空間。

而這場歡笑體驗也會回到你的腦海，使你難以忘懷。

這項道理，就像我們看了一個乍看是悲劇，實則是快樂結局的故事。

我欠下兩千萬債務，歷經千辛萬苦，才藉由宇宙訂單改變劇情走向，終於還清債務，與摯愛的妻子、可愛的女兒一起過著幸福生活，甚至將這個過程寫成了書，得到許多對我的故事產生共鳴的夥伴，使我的人生歡笑不斷——至今我才明白，原來上述種種正是一整套流程。

換句話說，在走到終點前，絕對不能中途放棄。

你的行動，同時也代表一項決心，那就是：絕對要讓自己的人生以歡笑作結。

讓一萬圓發揮超越一萬圓的價值，你就贏了！

這本書，「將改變大家的金錢觀」。

我將藉由本書告訴各位該如何對待金錢，同時對讀者提出一項提議。

1 這是日本學校校外教學時老師常說的叮嚀，用意爲叮囑學生在回家途中注意安全。因爲如果回家途中出了意外，就會讓美好的旅遊蒙上陰霾。

從今天起，請將你眼前的一萬圓鈔票，當成「消費券」。

其實，這才是金錢的本質。

有時候，它是令人緊張刺激的「懸疑券」，你不知道使用它會發生什麼事；有時候，它是讓你拓展新視野、體驗憧憬事物的「首次體驗券」；有時候，它是用來招待親友的「最佳招待券」；有時候，它是能讓你自由選擇用途、獲得歡樂的「歡笑券」……

你的錢，從今天起就是「專屬於你，為你量身打造的最佳消費券」。

愈是使用，愈使你產生驚奇與歡笑，令人動心的消費券。

你可以自由命名（像是「歡笑驚奇券」之類的），但使用時務必親自行動，使它帶給你名副其實的歡笑、快樂與雀躍。

要花在哪裡呢？你必須想出一個超乎意料、令每個人都大吃一驚的消費方式。你就當作自己在營造驚喜，必須讓一萬圓的錢錢發揮超越一萬圓的價值，一口氣花完。

花出去的「錢錢」，會忍俊不住笑出來，心想：「你要用這種方法花掉一萬圓呀！原來有這招啊！」這就是我希望與各位一同實踐的「金錢使用法」。

同樣的金額，也能因不同的消費方式，使人讚嘆不已、快樂無比。請隨時全心思考最原創、最令人心動、最令人發自內心「笑出來」的花錢方式，並身體力行。

如果你能逗錢錢笑，錢錢就會愛上你的宇宙（對它們而言就像遊樂園），三不五時前來拜訪。說不定還會大排長龍唷！

錢錢有個性，
也有自我意識

2
錢錢劇場

沒有人知道它們何時出生。
在光輝燦爛的宇宙中，
一個錢錢細胞開始分裂、增殖，
生出了三個錢錢。

有些人會搶奪別人的金錢，
拒絕讓金錢流動，
這些人的錢錢會變成流氓錢錢。
流氓錢錢粗暴無禮，
不會留在宿主身邊。

有些人會與別人一同共享金錢，
讓宇宙充滿喜悅，
他們的錢錢會變成天使錢錢。
天使錢錢會呼朋引伴，
吸引更多錢錢到宿主身邊。

有些人會仔細檢查自己的開銷，
敏銳觀察自己的錢錢變成了什麼型態，
他們的錢錢會變成學者錢錢。
學者錢錢會將更多錢錢
召集到宿主身邊。

錢錢們有自己的個性，而它們的個性，都是使用者所塑造的。

咦！金錢也有個性？啊，對耶，偶——爾會出現一些放蕩的錢錢。

基本上，你是個很喜歡錢的人，所以來你身邊的錢錢個性都變好了。以前你的錢包裡，應該有一堆充滿流氓習氣的錢錢吧。

有、有啊！流氓錢錢跟膽小錢錢都有！

請把金錢當成生物，好好地對待它們。

將錢錢當成自己的小孩、當成情人，好好珍惜、信任它們。

如此一來，就能增強金錢本身所蘊含的富足能量。

錢錢不喜歡被膜拜，比較想發揮功能

錢錢有情感，也有自由意志。
它們也有自己的個性。

在我看來，基本上錢錢是不喜歡被膜拜的。它們不喜歡被單方面崇拜、敬畏，而是希望雙方「地位對等」。

我總是會跟聚集在我身邊的錢錢聊天，對它們而言，最大的喜悅就是為別人帶來喜悅。

因此，只要將錢錢當成團隊的一員，請它們完成任務即可。當我需要錢的時候，隨時都會跟錢錢商量。

「錢錢，跟你商量一下喔。以後我想開心理學研討會，所以想去參加心理學講座。我該怎麼做，才能吸引你的同伴來我身邊，跟我一起追夢呢？」

錢錢一聽，頓時眼睛一亮。

「你願意將我用在這方面，真是太令我開心了！好，我去召集其他錢錢，等我一下喔。你的夢想？當然會實現！包在我身上！」

緊接著，錢錢會對廣大的錢錢同胞宣傳道：

「只要來這裡，就能助人實現夢想，很好玩唷！」然後，全世界、全宇宙的金錢能量，就會瞬間收到這則訊息。

說起來，好像跟群眾募資滿像的。公開發表「實現夢想所需的金額」與「贊助者可得到的回報」，就會有許多熱心人士拔刀相助，或是出資贊助。

贊助者可以一邊看著專案逐漸成形，一邊期待將來的回報，而且能爲自己喜歡的事情出一份力，本身就是令人開心的事。

是的，如果你能將錢用在「令所有人開心」的地方，金錢一定會匯聚在你身邊。

反之，若是滿腦子都是「我想要錢！」「要我做什麼都可以，我要賺錢！」，就無法聚集金錢。

想想看，當金錢匯集起來，會發生什麼樣的好事？

錢錢不想被膜拜，比較想發揮功用，它們是很腳踏實地的。

它們想被你認可，希望與你一同實現夢想，爲你的宇宙出一份力。請務必珍惜錢錢的心意。

「讓錢錢開心」的人，會比「想得到錢錢的愛」的人富足

錢錢會待在能逗它開心的人身邊。

不過，錢錢不會久待。因爲錢錢的天性就是不斷循環、增強能量，它會自由離去又回來，但是，只要你喜歡錢，你與錢錢一定是兩情相悅。

每個人都自認「我也很喜歡錢啊」，但是有些乍看喜歡錢、花錢花得很開心的人，內心深處卻懷有罪惡感。

如果你對錢抱著負面觀感，那麼不管賺多少錢都不夠用，甚至還會遇到使錢一口氣消失的突發狀況。

你的潛意識如何看待金錢？看看你的現狀就知道了。

如果現在你心裡想著「我身上老是缺錢」，這句話，就代表你對金錢的定見與觀感。金錢會帶給你負面觀感，它對你而言是「匱乏」「總有一天會消失的東西」。

不過，即使如此，每個人都依然能喜愛金錢也被錢所愛，也能隨心所欲花用金錢。因爲金錢也是一種宇宙能量，它寬宏大量，海納百川。

常聽到有人說：「養成這習慣，金錢就會愛上你。」「有了這條件，金錢就會喜歡你。」，但在我看來，人與金錢是對等的。你不需要單方面「乞求」金錢愛你，或是祈求金錢「關照」你。

主動對錢打招呼，衷心敬重、熱愛金錢，甚至令金錢驚奇、開心、歡笑。「主動愛錢」，才能提升你的財運。

畢竟金錢有人格也有自由意志，它們可是與我們一同實現夢想的重要夥伴呢。

對我而言，每天與錢錢的交流，正是「錢錢劇場」的一齣齣好戲。

滿心歡喜地迎接每個來我身邊的錢錢，接著錢錢會改變型態離開（離別之際，我會滿懷感恩地送別）。日後，再與錢錢歡喜重逢。

每一天，我都是這樣對待來來去去的錢錢。

你說跟錢錢感恩道別、感動重逢，實在太誇張了？

怎麼會呢！我的錢錢劇場，隨時都是精彩絕倫、高潮迭起！

畢竟經歷過黑暗負債時期的我，怎麼想都是因爲重視、妥善運用金錢，才能逐漸提升財運。對我而言，無論是負債那些年或是現在，金錢都是可愛無比的化身。

我不是叫各位眞的去演獨腳戲，只是希望各位用這樣的心態對待金錢。心態變了，行動也會產生變化。

你看待金錢的眼神會變得深邃，視野也會變廣。如此一來，你只會將錢花在眞正需要的地方。

此時此刻，你能立即說出錢包裡有多少錢嗎？

你的金錢觀，與你的財運息息相關。

第一步，就是逐一檢視金錢所帶來的益處，大大小小都不能放過。先做到這點，你跟金錢的《愛的故事》，才能揭開序幕。

錢錢是
「千變萬化之神」

3
錢錢劇場

小池爺爺跟阿浩爺爺
住在某一個地方。

小池爺爺在山上發現發光的竹子，
切開來一看，
竟然跑出了金幣。
小池爺爺立刻用金幣
買了好吃的桃子，
跟全村的人一同享用桃子。

另一方面，阿浩爺爺也在山上
發現了發光的竹子。
切開竹子後，出現了金幣。
阿浩爺爺偷偷將金幣
裝進包袱巾裡帶回家，
藏在籠子裡。

十年後，
由於小池爺爺將金幣
用在自己跟大家身上，
因此吸引很多人來到村裡，
村裡洋溢著幸福。
小池爺爺跟全家人，
從此過著幸福快樂的日子。

十年後，
阿浩爺爺變得孤獨無依。
某一天，他朝籠子裡一看，
裡頭的金幣，
早就變成一堆黑炭了。

金錢既是錢，也不只是錢。

那麼，到底錢是什麼？

我們是富足的粒子，也是富足的能量。我們從富足的宇宙連接上人類的宇宙，幫助人類將想法化為實體。

金錢能藉由消費來改變形體，
變成你們所需的物品、知識或時間，
可說是「千變萬化之神」。
愈是花錢，愈能得到更多金錢能量。

你不妨好好期待，金錢在消費之後會化為什麼型態，
點綴你的人生。
只要錢花對地方，錢就會愈來愈多。
給我記好了！

錢錢的個性，取決於你對它投入什麼情感

金錢是富足能量的具象化，但是這股能量本身並不會成就任何意義。

爲了變成人類，一顆受精卵會開始細胞分裂，進而變成內臟、骨頭、眼睛、手……受精卵變成人類的過程是在無意識之中進行的，同樣的，直到你決定金錢的「用途」，它才開始分裂、「蛻變成其他型態」。

一顆細胞如果維持細胞的型態，便無法發揮任何功能；同樣的，一張紙鈔如果維持紙鈔的型態，它就什麼都不是，唯有透過消費「將紙鈔變成物品或體驗」，才能產生意義。

當金錢（像細胞一樣）開始分裂、增殖，進入實現訂單的過程時，最重要的就是當

金錢變成其他形體時，你心裡有什麼感受。

如果你心想：「我想要勞力士。要是能戴上勞力士，不知道會有多幸福呢！」那麼錢錢會覺得：「這樣啊！那我就用一百萬個細胞變成勞力士！」

但是，如果你說出以下這句話，會發生什麼事呢？

「其實我很想穿穿看亞曼尼，但既然沒錢，只好買平價成衣湊合一下了。」

「難道我交出自己的細胞，就只是爲了換來『湊合著用的東西』嗎？眞是太遺憾了，我要去找別人。」

如此這般，錢錢會非常傷心，變得意志消沉。你在花錢當下的情緒，會改變錢錢的個性。

我說過，金錢是會增殖的宇宙細胞。因此，金錢當然不會因爲消費而消失……各位聽了這話，應該很想反駁：「哪有！錢花了就沒啦！」

不過，或許是因爲各位沒有善用金錢的能量，才會認爲「錢花了就沒了」。

金錢經常變換型態，帶給我們恩典。

比如，花錢買來的衣服，能提升穿衣者的自我肯定感，帶給人喜悅。花錢買來的車子、鞋子、手錶也不例外。繳水電費換來水電，也是一種花錢換取的宇宙恩典；花錢得來的知識會變成我們的技能，使我們創造新的財富。花錢買來的食物會變成我們的血肉，提供我們行動的動力。

是的，花出去的錢，沒有一筆是浪費。

連我的債務本金跟利息，都變成如今的「小池負債哏」，都帶給我巨大的財富。現在回頭看，當年我所繳的一大堆利息，以某種角度來說，簡直就像是預扣的「創作哏稅」。

無論這筆消費看起來有多浪費，都將「蛻變」爲地球上的萬物，賦予我們體驗。

沒錯。金錢是一種千變萬化、能實現我們願望的工具，無論怎麼用都用不完。愈是花錢，愈能增加金錢的變化；我個人認爲，這就是許多自我成長書跟理財書所稱的「金錢循環」。

想讓金錢循環，就必須用金錢變出來的東西賺錢，再用那筆錢變出其他東西，一步步建構自己想要的世界。

各位不覺得很令人期待嗎？我光是想像，就期待得不得了呢！

宇宙沒有用途不明的錢錢，「用途」不明的訂單不會實現

「我想要錢。」

當你想要錢時，會對宇宙下什麼訂單呢？

「我想變成有錢人。」

「請保佑我一年賺一千萬。」

宇宙無法接下這種訂單，而漂流在空中的金錢能量，也會納悶：「想要錢，是什麼意思呀？」

「咦！可是，我已經具體說出想要的金額啦！」

你一定會這麼想吧？

到底是怎麼回事呢？因爲，金額本身無法成就任何意義，訂單的重點，永遠在於你想藉由金錢完成什麼事。

「我想要體驗環遊世界一圈的滋味。」

「我想要坐上全世界最高級的跑車。」

「我想要全力支持小孩挑戰花式溜冰。」

「我想要回大學讀書，獲得博士學位。」

請明確說出自己的願望，仔細算算需要多少錢。接著，向宇宙下訂單時，必須制定完成願望的期限，這才是正確的下訂方式。

「我要在三年後環遊世界一圈，因此需要三百萬圓。」

像這樣下訂單之後，宇宙跟錢錢們就會展開行動，助你實現願望。想想看，自己跟全家人環遊世界時會有多麼開心？看著那些國家的照片邊傻笑邊想像，更能加速訂單實現的速度喔。

現在，我要告訴各位一項重點。這三百萬圓不一定會以現金的形式進到你口袋。說不定某個曾經被你照顧過的人是摩納哥的大富翁，某天邀你環遊世界一圈……如上所述，雖然你沒有拿到現金，但價值三百萬圓的錢錢確實爲你提供了支援。

反之，若你的訂單是「我想要三百萬圓」，錢錢會無法具體勾勒願景，不知道自己該變成什麼東西才好，因此感受不到喜悅，自然無法匯集。

用途不明的金錢訂單，宇宙是「聽不見」的。請先明確制定用途，宇宙才會開始行動。

與其膜拜錢錢，不如讓它一展長才

4
錢錢劇場

「嗨，大家早呀。」

今天，

小池也一如往常地

一一細數

聚在他身邊的錢錢。

「謝謝你們來我身邊。」

當晚，
齊聚一堂的錢錢們
開始閒聊。
「你要變成什麼？」
「應該是運動鞋吧。」
「那我變成水果好了。」

小池醒來後，
錢錢們已經消失，
但旁邊卻多出許多東西。
小池馬上就明白了。
「啊，樂樂！
你變成運動鞋啦！」
「道格！
你變成水果啦！」

錢錢們
逐漸變回宇宙的粒子，
大夥兒彼此訂下約定：
「好快樂啊。
下次，大家要一起
回來找小池喔。」

錢錢們常常一起聊天喔。

錢錢們會聊天？

它們常常思考要去誰的宇宙變成什麼東西，也會彼此探聽誰的宇宙比較好玩，對好玩的宇宙趨之若鶩。

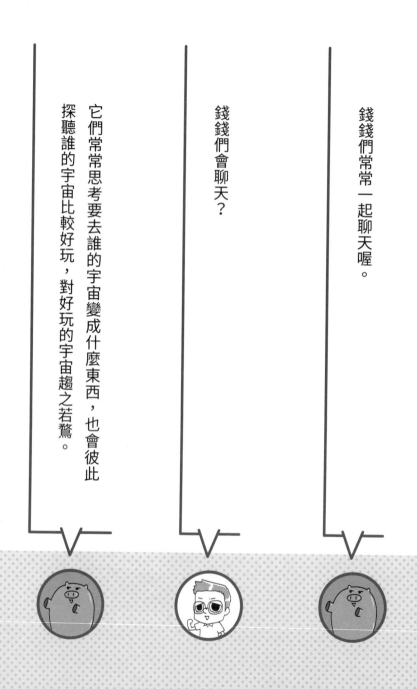

你有沒有每天好好看看自己身邊的錢錢？
有沒有好好跟它們打招呼？
你可別以為它們全都是同一個諭吉啊！[2]
隨時都要跟錢錢聊天！
你說這樣很像神經病？那不是很好嗎！

2　日本一萬圓紙鈔上的人物是福澤諭吉。

想要發大財，先學會感謝錢錢的便利！

這年頭，內容比形式重要，裡子比面子重要，而金錢也從紙鈔、硬幣轉變爲電子支付，逐漸拋開物質的外衣。或許，宇宙正漸漸回歸自己的本質——能量體。

愛也是一種能量；感謝也是一種能量；金錢，當然也是一種能量。

宇宙是一種能量增強裝置，能增強我們傳送至宇宙的能量。既然宇宙正逐漸從物質世界轉爲能量世界，我們也該擺脫物質的桎梏，好好想想：應該在人生中發出什麼樣的能量。

當然，我不是說物質欲望不重要。

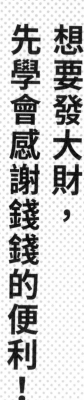

畢竟，既然我們想要好好體驗地球的一切，既然生在物質世界，那麼購物、擁有物質，也是非常重要的體驗。

錢錢也是從宇宙飄落地球的能量體，它們非常期待能在你的宇宙變成各種物品，所以，也請你盡情享受能量轉化成形的樂趣吧！

好了，在此，我要請各位思考一件事。

如果這世界上沒有金錢（我是指你所認知的金錢）……你該如何得到自己想要的東西呢？

如果你想去夏威夷呢？你要跟原始社會一樣以物易物嗎？你要自己打造竹筏，划竹筏渡海嗎？

現在的日常生活都少不了「電」，萬一不能用錢買電，你要打造電線桿，自己架電線嗎？

無論怎麼想，結論都是「我最慶幸的事，就是擁有金錢！」。用錢來購買自己想要的東西，真是太「方便」了！

想要發大財，就必須時時回想這份感受，悄聲說出口。

有錢好方便！

幸好有錢！

錢錢真是太棒了！

儘管現在大家都用電子錢包，金錢變成了數字，但它們依然是方便好用的工具，幫助我們輕鬆達成每件事。

想讓錢錢愛你，必須先愛錢錢

我這個男人，在負債達到兩千萬巔峰時，向摯愛的妻子求婚了。

而我太太這個女人，笑著答應了這個男人的求婚。

事實上，我太太一點都不擔心錢的問題。不，其實我也有點納悶，男友負債兩千萬，她居然一點都不擔心錢，簡直是吃了熊心豹子膽。不過事後回頭想想，其實這正是我對宇宙下的訂單。

我在跟太太交往時，早已下定決心：以後絕對不讓她為錢操心。

是的，這句話變成了宇宙訂單，因此我太太完全沒有機會為錢操心。

結婚之後，家計由我一手掌管，絕對不讓太太嗅到任何蛛絲馬跡。無論欠了多少債，我絕對不表現出走投無路的樣子。

太太懷孕後，對我說：「我可以不去上班嗎？」然後變成家庭主婦。是的，此時我的負債還有將近兩千萬。而我回答：「當然沒問題啊。」

有一天，我們倆趁著小孩上幼兒園時去居酒屋約會，她對我說道：

「錢眞是好東西。有了錢，我們才能吃這麼好吃的雞肉串、喝這麼好喝的啤酒。」

「就是說啊，錢眞是好東西。錢眞是太棒了。」

沒錯，儘管欠了一屁股債，我們依然時常感謝金錢，也照三餐掛在嘴上。

當我們去暢貨中心看喜歡的運動鞋跟衣服時，我不會限制太太「只能買多少錢以下的東西」，而是每次都告訴她：「不要看價格，喜歡什麼就買吧。」

因爲這麼做，錢錢才會心甘情願爲我換來那項產品。總之，我決定每次花錢都要讓太太跟錢錢開心；他們開心，我也對自己更有信心。

這全都多虧我下的那筆訂單——「以後絕對不讓太太爲錢操心」。

因此，開始賺錢之後，每多賺一筆錢，我們夫妻倆就會說「有錢眞好」。我的發大財口頭禪之一「有錢眞好，幸好有錢」，就是從這兒來的。

許多自認爲錢所苦的人，根本無法喜愛金錢。他們無法對折磨自己的東西說「謝謝」，也不會認爲「錢眞是好東西」。

但是，我們必須主動愛錢。主動對錢打招呼，主動去愛。其實，這也符合我平常說的「事先付款法則」。第一步，就是主動發現愛，致上謝意。

各位不妨從小地方開始做起。請擦亮眼睛，看看自己受到錢多少幫助、得到多少金錢給予的恩典。

「因爲我有錢，才能睡在溫暖的房間。」

「因爲我有錢，才能住在涼爽的房間。」

「因爲我有錢，才能吃到好吃的飯菜。」

如果你的狀況比上述例子還拮据，不妨想想「錢能提供什麼幫助」，試著感受看看「有錢眞好，眞值得感恩」的心情。

對錢懷抱正面觀感，就是喜愛金錢的第一步驟。

在此，我要教各位一項培養正面觀感的祕訣。

那就是發大財口頭禪，「叮叮！叮叮！」。

當你在做不喜歡或辛苦的工作時，當你爲了達成願望而努力付出行動時，請說出這句口頭禪，並想像一下自己在宇宙銀行存錢的模樣。總有一天，它們會累積成一大筆錢，藉由各種形式讓你提領出來唷。

沒錯，無論多麼微小的行動，都能幫你在宇宙銀行存錢唷。

常言道：一分耕耘，一分收穫，但是飽受痛苦、怨恨金錢的人，不適用這條法則。

唯有無論身處任何逆境，都能想像未來的富足與快樂，帶著輕快的微笑在宇宙銀行持續存錢的人，才能得到收穫。

「叮叮！叮叮！」請讓這清脆的聲音，帶你逐漸累積成果吧。

第2章

給予錢錢「城堡」與「回憶」！

錢錢喜歡

幸福的回憶

5
錢錢劇場

我是十圓硬幣。
有一天，
小池在超商收下了我。
他把我放進舒適的錢包，
對我說：
「歡迎你來。
這裡就是你的家喔。」

我是千圓鈔票。

我跟小池，

在車站面臨突如其來的離別。

小池看著我的眼睛（野口英世），[2] 說道：

「謝謝你來我身邊。

祝你一路順風，

下次要帶著朋友們回到我身邊喔。」

我悄悄對著整齊收在錢包裡的夥伴們眨眨眼，

說道：「那我走囉。」

2　日本一千圓紙鈔上的人物是野口英世，是一位發現多種傳染病病原體的細菌學家及名醫，被日人視爲民族英雄。

我是一萬圓鈔票。

小池每晚打烊後，
都會將我們一張一張排在桌上，
對我們說話。
「真的很謝謝你們來我身邊。
這一路上玩得開心嗎？
你們見識了什麼樣的風景？」

早上，他會將我
當成當日營收送到銀行，
令我不禁潸然淚下。

我們錢錢每天四處漂泊，
昨日與人相會，
今日又將別離。
但是，唯有小池，
我們一定會回到他身邊。

欸，小池。很多人都自稱「愛錢」，但其實他們不一定真的愛錢喔。

這話怎麼說？

那些自稱「愛錢」的人，有的只會在賺錢時開心，花錢時卻心不甘情不願。

其實，錢錢一眼就能看穿一個人是不是真的喜歡錢。喜歡錢的人呀，賺錢時開心，花錢時也很開心。

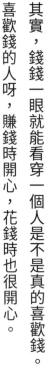

沒錯，無論是賺錢或花錢，他們都很開心。錢錢也會喜歡這樣的人。

這樣啊。我習慣在賺錢時說「歡迎」，在花錢時說「謝謝」，這些話對錢錢而言，應該也是開心的話語吧！

錢錢入袋時，要辦一場盛大的迎新會；錢錢離開時，要辦一場滿懷感激的歡送會。與金錢的每一場交流，都是一場慶典！

在日誌寫下錢錢的回憶，才能反覆體驗幸福

每當我花了一筆錢，都會在日誌型記事本的當日欄位寫下消費金額，而我從銀行帳戶提款時，也會在存摺的支出金額旁寫下消費目的。

「咦？記錄得好詳細喔。這是從前負債時留下的習慣嗎？」

我好像聽到各位的疑問囉！其實呢，這是爲了幫助自己回憶寶貝錢錢變成了什麼東西，日後才能看著它傻笑呀。這習慣我改都改不掉呢。

「喔～當初提出來的四千圓，原來是用來跟老婆吃晚餐呀！啊，那段時光眞美妙！錢錢，謝謝你！」

「啊，那天的兩萬圓，原來變成了那雙刺繡圖樣超美的運動鞋呀。錢錢，謝謝你帶給我這麼好的體驗，眞的很謝謝你！」

如此這般，每次我翻開日誌跟存摺，總是免不了傻笑、感謝一番。

這就是我的日常生活。

咦？你說這樣很變態？

不過，請各位仔細想想。如果你每次翻開存摺，

「怪了，這筆錢是花在什麼地方？想不起來！」

「定額分期付款。[3]怎麼吃掉這麼多錢？拚命賺的錢一下子就花光，日子眞難過。」

當你說出這些話，各位認爲當初花出去的錢錢會怎麼想？難道它們不會認爲：

「我千里迢迢來找你，你卻連我變成什麼東西都忘光了！太傷心了。」

錢錢喜歡聚在哪種人身邊呢？那就是能經常回憶花錢時的情景，屢屢開心地傻笑著說「那筆錢花對了！」「這種花錢方式眞棒！」「謝謝錢錢！」的人。

3 リボ払い，有別於一般的分期付款，可自行設定每月固定的還款金額，缺點是會拉長還款期間，導致每月支付的利息增多。

如果各位想過著財源滾滾的生活，請創造花錢的美好回憶，並且反覆回味。請帶給錢錢美好的回憶，與之共享。

聽到我說「帶給錢錢美好的回憶」，或許會有人反駁道：「那也要有很多錢才能辦到吧！」

不過，我這個反覆回味「花錢的快樂」的習慣，其實是從負債兩千萬時期養成的。

「哇噻，這一百五十圓可以買汽泡酒耶！要是自己釀汽泡酒，那可就不只一百五十圓了！一百五好棒呀！謝謝你！」

「哇噻，一百圓就可以買一支烤雞串耶！我請店家多加點醬汁，結果店家淋了好多醬汁，配飯吃就變成了幸福的一餐！一百圓好棒呀！謝謝你！」

我一路以來都是這樣，而且不知反覆回味了多少次。現在，我依然跟當年一樣，每天笑著享受回憶。

是的，在深陷負債地獄的某一天，我決定了。

決定畢生都要感謝金錢。

自從下定決心後，無論是多麼微小的小事，我都會想起金錢所帶來的幸福，微笑著反覆回味。

回憶，就是一種「重新體驗」。「眞實」或「擬眞」，在宇宙中沒有差別；只要反覆回想金錢所帶來的幸福，就能反覆體驗。

為了省錢買便宜貨，反而會讓錢錢傷心

請各位務必記錄自己與錢錢相遇、別離的回憶。

日後回憶起來，都將令你興奮、雀躍，心情爲之一振。

那麼，以後你就不會將錢花在錯的地方了。

爲什麼呢？因爲你在花錢的那一刻，就能立即判斷這筆開銷「日後會不會變成喜悅」。換個角度想想，提筆寫下與錢錢的每一樁回憶，正是訓練我們精準消費的最佳利器。

大家都有這種經驗吧？走在路上突然下起大雨，結果只能去超商買把塑膠傘。這筆開銷看起來一點都不令人怦然心動，因此我會多用點心思，改變這筆開銷的意義。

首先，如果附近有百貨公司或購物中心，就去那裡買一把喜歡的傘。假如雨實在太大，只能跑到超商買傘，我不會買五百圓的塑膠傘，而是選擇兩千圓的黑傘，以便我在日常中使用。

我將「突然下雨，我只好買把傘」扭轉成「突然下雨，因此我買了一把黑傘」。

我所買的並非「隨處可見的替代用傘」，而是從塑膠傘、黑傘、深藍色傘中買下了「自己所選的傘」。

隨便選的塑膠傘，就算你哪天弄丟了也不痛不癢，說不定連弄丟了也不記得。然而「自己用心選擇的兩千圓雨傘」，就算只是從少數幾把傘當中選出來的，也是一把你將來能持續使用的新傘。

「爲了省錢買便宜貨」，是最令錢錢傷心的行爲。

為每筆花費寫下令你莞爾的文案

聽到我說要記下每筆開銷，總是有人會問：「要寫記帳本嗎？」

打從出娘胎到現在，我從來沒用過記帳本，而與其寫在記帳本上，不如寫成「令你莞爾的消費筆記」。

我寫在日誌上的每筆「開銷」，都附上了充分表露當時心情的「文案」。像是：

「第一次來好市多！好興奮！　大包裝肉丸」

「興奮到不行！　迪士尼樂園」

「一見鍾情卻一見如故！　運動鞋」

寫到這兒，我又回想起當時的興奮之情了。

當然，偶爾也會遇上「不符合期待」的開銷，覺得「花錯錢了」。這種心情，當然也要寫進日誌裡，而且還要附上超好笑的文案，好在日後自嘲一番。

「踩到雷了啦！　威士忌」

「小朋友才做選擇！……有時還是選一下吧　三本破損漫畫」

即使有那麼一絲後悔或罪惡感，只要花錢的過程是以歡笑作結，就沒有問題。畢竟，錢錢的故事必須以歡笑作結。

想要提升財運，就需要記帳？

如前所述，我所記錄的是「金錢的回憶」，跟記帳本截然不同，但也有人問我：「如果要還清債務，是不是記個帳比較好？」

在靈性的世界中，似乎有個說法是「記帳會帶來憂慮，因此不記帳也無所謂」。不過，我認爲想要掌握人生現況、還債與儲蓄的人，有必要藉由記帳、檢視帳單來釐清收入與支出。

當然，記帳不一定需要「記帳本」，但錢錢有自己的個性，每個錢錢都想幫助你，如果「看不見」它們，那就讓它們「看得見」。

換句話說，就是讓金錢從無形變成有形。

就拿我自己來說吧。從我決定「還清債務」那天起，我就將那一疊避而不見的帳單全部拆開來看，從看得見錢的那一刻開始還債之旅。

我也幾乎天天去銀行刷存摺。無論是當天有支出、收入、或是「今天搞不好什麼都沒有」，總之我就去刷存摺。

而幾月幾日有幾筆自動扣款（金融機構的自動扣款款項，可是多到我一隻手數不完呢），我也會將日期與金額詳細寫在行事曆上。

自動扣繳水電費、進貨款項、打工費……當時我連像樣的日誌都買不起，只好在月曆背面親手畫上一整個月的行事曆。

直到現在，我還是好喜歡刷存摺，喜歡得不得了！「嘰嘰……嘰嘰嘰……嘰……」我甚至還想把刷存摺的聲響設成手機鈴聲呢。每次員工說要去銀行，我都忍不住自己親自跑一趟。

總之，我就是想檢視錢錢的收支情形，回首一樁樁的回憶。

附帶一提，負債兩千萬時期使用的存摺，其實我全都留在手邊，現在依然不時拿出來回味。

當時我曾經用父親的名義向銀行借了五十萬，看著存摺上的每月還款記錄（每月都印著「貸款13000圓」），我忍俊不住笑道：「哎呀，回頭看還眞有意思，當時我眞是幹得好！爸爸，謝謝你，錢錢，謝謝你。」

這也是因爲我早已還清債務了，才能笑看當年。花錢的流程，果然必須以歡笑作結！前面鋪下的哏，一定要用笑容來收尾！

錢錢喜歡的是信任錢的人，而不是擔心錢的人

許多爲錢所苦的人，總是擔心「要是以後錢用完怎麼辦」「要是老了缺錢怎麼辦」，爲了怕哪天缺錢而焦慮不已。

然而，如果你成天擔心錢，錢錢反而會當場離開。

最近我在帶小孩時，常常想著：這種感覺不是跟養小孩很像嗎？

父母總是整天爲小孩操心，想要小孩事事照自己的意思走，反而引起孩子的反彈，變得不相信父母、也不相信自己，逐漸失去自信與自由。

請相信孩子有能力。如果你願意尊重孩子也是獨立的個體，願意在一旁默默祈求他活得幸福自在，很奇妙地，孩子會感受到父母的信任，因而能活出自己的一片天。

愛錢的方式，也是一樣的。

相信錢錢，錢錢才能發揮最大的能力。

如果你不信任金錢，總是認為「跟錢扯上關係就沒好事」「反正錢一定不會來找我」，錢錢會察覺到你的不信任（「唉，這個人根本不相信我嘛」），導致無法發揮錢錢原本的能力。

有錢人並不是因為賺的錢多、不必擔心錢，所以才能信任金錢。其實恰好相反。

我認為，人必須先信任、喜愛自己的人生與錢錢，才能賺到錢，因而累積對錢錢的信任感，使自己的人生變得更富足。

將錢包打造成
最舒適的城堡

6 錢錢劇場

三隻小豬離開家裡，
各自出發尋找自己心目中的錢包。

豬大哥撿到了麻布袋。
「嗯，用這個也沒差吧。」
結果錢錢完全不進這個錢包。

豬二哥靠著在家幫忙所得到的毛線
織成一個錢包。
錢包裡有了一些錢錢，
結果豬二哥說：
「怎麼才這麼一點錢啊！」
錢錢就頭也不回的走了。

豬小弟拜皮匠為師，
成為獨當一面的皮匠，
做了一個相當精緻的皮革錢包。
他每天都開心地
對自己做出來的漂亮錢包
連聲道謝，
也招來了許多錢錢。

有一天出現一隻大野狼，
企圖偷走豬小弟的皮革錢包，
卻被住在錢包裡的錢錢英雄
打得落花流水。

幫錢錢打造一個住起來快樂無比的家吧！

該怎麼做呢？

第一步，就是**衷心喜悅地迎接入袋的錢錢，就算金額很少也一樣。**畢竟錢錢的能量會逐漸增強，所以小錢也能滾成大錢。

不僅如此！離別時也必須面帶微笑喔！

為錢錢打造一個舒適的房間——不，
是「城堡」！
讓它們住得賓至如歸，下次還想再來！

你要知道，如果錢錢在你這兒住得不開心，
下次就不會再來了，皮給我繃緊一點！

傾聽錢錢之間的對話

「跟你說喔，小池的錢包住起來很舒服耶。」

「聽說以前他的錢包皺巴巴又破破爛爛的，住起來很不舒服耶。」

「這樣啊？可是現在很好呀。住起來很舒適，很開心！」

「就是說啊。這裡好棒，以後我還要再來！」

錢錢們會從各宇宙前往你的錢包，並且每晚都在錢包裡交換資訊。

在銀行領錢、或是將找零的零錢放進錢包時，我都會在心中默唸：「謝謝你來。喏，這裡就是你家了，請多多指教。」而花錢時，我也會暗自默唸：「謝謝你，一路順風。下次再帶朋友回來玩唷。」

店裡的錢也不例外。從前負債時我就養成一個習慣（直到最近因爲疫情而不能爲客人面對面製作手環，這習慣才中止），打烊後盤點收銀機的現金時，我會對錢錢逐一「道謝」。

我將鈔票一張一張排列在桌上，看著諭吉先生與英世先生的眼睛，各說兩次：「歡迎回來，謝謝你。」從負債那幾年到現在，這十五、六年來，只要開一天店，我一定對他們道謝，生意好時甚至連續道謝長達三小時。

我自己多少也覺得這儀式怪怪的（笑）。所以，員工增加後，我會等他們都下班，才對錢錢道謝，然後將錢錢存到銀行。

養成這個口頭禪後，自然而然地，你只會將錢花在眞正值得感謝的地方。

這跟「節儉」不大一樣。我發現，如果只將錢花在能使自己衷心感到喜悅的地方，並且笑著歡送錢錢，錢錢一定會暴增好幾倍，回到你身邊。

不可怠慢零錢！每種零錢都必須有自己的家

用心對待錢錢，人生一定會改變。

老話一句，「在你的宇宙中，你所看到的一切都是你自己，因此錢錢也是你自己」。

你如何對待金錢，「這個宇宙就會如何對待你」。

請試著改變對待金錢的方式。人生的根基會因此產生變化，而金錢以外的問題，也很有可能迎刃而解喔。

錢包的存在意義，跟以前愈來愈不同了。由於電子支付蓬勃發展，很多人的錢包少了硬幣跟紙鈔，信用卡卻增加了。從前「長皮夾」是發大財的必備開運物品，因此各大名牌都是推出長皮夾，而如今市面上也多了不少短皮夾。

我個人現在還是用長皮夾，不過這跟那股潮流沒有關係，也不是因爲大家常說的「將紙鈔平整地帶在身上才能提升財運」，只是單純因爲我喜歡長皮夾的設計。

對我而言，錢包跟運動鞋、車子一樣，都是能帶給我喜悅的美妙物品，因此我堅持一定要用喜歡的款式。

我不會在長皮夾的小口袋放零錢，而是額外攜帶一個有三個收納空間的零錢包。我將三個收納空間分成「五百圓硬幣的家」「一百圓硬幣跟十圓硬幣的家」「五圓硬幣跟一圓硬幣的家」，只要收到零錢，我必定不厭其煩地將它們分裝到三個空間。

將硬幣們安置到各自的家時，也能分別跟它們打招呼。我會對硬幣們說「歡迎」，與它們對話。

你錢包裡的錢錢，現在聊著什麼話題呢？
錢錢想得到你的注意與認可，正等著你向它搭話呢。

錢錢的「個性」，取決於你對錢錢的想像

我在第一章說過「錢錢有自由意志」，說得更深入一點，其實錢錢也有自己的個性。

你對金錢的概念（例如，你覺得錢是什麼樣的東西），塑造了你宇宙中每個錢錢的個性。

比如說，如果你認爲「金錢很可怕，會招來背叛」，那麼假如將你宇宙中的錢錢擬人化，得到的就會是一個長得像詐騙分子的可怕人物。

反過來說，如果你認爲「金錢能幫我實現願望，是我人生的夥伴。金錢最棒了！」，你宇宙中的錢錢就是誠懇沉穩的長腿叔叔。

這些個性由你一手打造的錢錢，就這麼與你相伴至今。一路跟騙徒錢錢或流氓錢錢糾纏至今的人，可能總是不斷被騙，在金錢上吃足苦頭（小池負債時，身邊的錢錢大概是黑心顧問錢錢吧。現在應該是天使錢錢喔。）。

與長腿叔叔錢錢相伴多年的你，應該不管發生什麼事，總是受到金錢的幫助與守護，你每天光是活著，就有源源不絕的金錢充當你的後盾。

一路與你相伴的錢錢，是什麼樣的個性呢？

無論從前如何，未來都是能改變的。

首先，你必須先將自己在地球上認識的錢錢，換成某個最喜歡的人。

比如說電影中的超級英雄，任何時候都排除萬難來救你；或是小時候很疼你的阿公阿嬤，無論發生什麼事都挺你；當然，設定成世界知名富豪比爾．蓋茲也可以！

「只要你遇到困難，我一定會保護你。」

「你的夢想一定會實現的！」

請設定一個會說出這些話的錢錢英雄，讓他附身在今後來到你身邊的錢錢身上。請設定你心目中的金錢象徵。

然後，請每天對著錢錢說話。

首先，請對錢錢所給予的日常恩典（諸如電費、餐費等等），致上感謝之意。

接著，請隨時提醒自己：有一個媲美金錢之神的偉大人物附身在你的錢錢身上，一旦遇到困難，他一定會化身爲超級英雄，出馬相救！

第 3 章

想招財，
就光明正大動起來！

環環相扣的
招財之路

7
錢錢劇場

今天好像挺走運的！
好，我要乘勝追擊！
今天來吃豬排飯！

讚啦，
這下子願望就實現了！

哇，被水潑到了！
哇，烏、烏鴉！

讚啦，
這下子願望就快實現了！

我被公司炒魷魚了！
大幅減薪！
天、天啊！

唔……這才是關鍵啊，
讚啦！
這下子願望就要實現了！

如果能用
正確的訂單招財，
所有的開銷
都能帶來更大的財源！

或許錢錢的潛能，
遠比我們想像中強大許多呢。

那還用說嗎！
小池這40年來所得到的經驗與知識簡直跟鼻屎沒兩樣，
怎麼好意思跟浩瀚宇宙的無限知識相比！

又是這一句！簡直變成格言了嘛（笑）。

不過說真的，錢錢們真的擁有無限的可能性。
唯有察覺這一點的人，能得到真正的富足。

我不是說過，宇宙中的奇蹟多到爆嗎？
拋開所有束縛，只管下訂單就對了。
下訂單之後，就由宇宙來幫你指引道路，
閉嘴照著宇宙的指示走就對了！
總之給我動起來！

為什麼開運儀式真的有效？

前幾天我舉辦金錢講座時，跟參加者一起吃了豬排飯。

我什麼時候會吃豬排飯呢？就是運氣有點不好的時候，還有覺得運氣很好的時候……呃，那不就是每天嗎（笑）！

總之，我快要感冒時會吃豬排飯，覺得狀況絕佳的時候，也會吃豬排飯來讓運氣變得更順！

因爲我平常就爲自己定下規定，「想讓負能量歸零？吃豬排飯！想要好運加倍？吃豬排飯！」

頂尖運動選手都有自己的賽前準備儀式，我說的就跟這個差不多。

我爲自己制定了一套「開運儀式」。

依據宇宙法則，只要制定一套「做了這件事，就會發生好事」的儀式，就會眞的發生好事。

因爲，一切本來就是由我們自己決定的。

自己的決定是很強大的，大到足以改變宇宙，也唯有自己的決定能改變宇宙。

事實上，我們現在所處的宇宙，就是由我們對自己宇宙的認知所塑造而成的。

換句話說，每個人無一例外，都活在自己所勾勒的宇宙中。

既然如此，我們大可改變自己的人生，愛怎麼改就怎麼改！因此，你想做什麼樣的開運儀式就儘管去做，你也必須發自內心相信自己所制定的開運儀式。

爲自己制定一樣「能量食物」，當你心情不好、一早就遇到一堆鳥事時，就能輕鬆靠著能量食物來轉換心情，告訴自己：「這樣就衰運歸零了！」而努力了一天、氣勢很順的時候，也能用能量食物來幫自己加油，告訴自己：「吃了這東西，就能好運加倍！」

將每筆花費都當作「實現願望的必要開銷」

「我的願望要實現啦！」

這句口頭禪，我的讀者跟講座的參加者，應該都已經聽到耳朵長繭了吧。向宇宙下訂單之後，你所遇到的一切，都是在幫你的願望鋪路。

無論乍看之下多麼負面、多麼絕望，前方必定是你所期望的未來。

因此，重點在於：

你必須鼓起勇氣，

對下訂單之後發生的一切說：「YES！」

向宇宙下訂單之後，不少人都遇見意料之外的麻煩事。你從前的人生愈是不幸，遇見的麻煩也就愈大。

爲什麼會這樣呢？因爲，要將你從原本的狀況導向幸福的未來，必須大幅改變人生航行的方向，駛向截然不同的領域才行。

「我想要好好賺錢、遇見喜歡的對象，跟家人過著幸福快樂的生活。」

有一位三十幾歲、年薪三百五十萬圓的男性下了這樣的訂單。他開始做副業，副業也做得愈來愈上軌道，於是他心想：「再這樣下去，說不定可以考慮把副業當正職呢。」不料，不久公司就倒閉了。

「唉，我看得暫時放下副業，先去找工作了。」

我一聽完他的話，立刻大聲讚嘆：「太棒了！恭喜你！宇宙這麼快就替你切換航線了！你再這樣邊上班邊做副業的話，是抵達不了願望終點的啦。來，打起精神，好好加油吧！」

男子聽了露出苦笑，「啊，原來是這樣啊。」後來，他將副業轉爲正職，發誓要靠它認眞賺錢。

幾年後，他的年薪超過三千萬圓，也遇見摯愛的另一半，實現了理想中的人生。

沒錯，下訂單之後所發生的事情，既是你所能跨越的難關，也是你一展長才的大好機會。千萬不要妄自菲薄，只要大步往前走，必定能走向美好的未來。畢竟，那可是你自己下的訂單呢！

同樣的道理，也可以套用在戀愛上。

「我想要結婚，過著自由、幸福、不愁吃穿的生活。」

有一位女性下了這樣的訂單，然後在婚友社認識了一名年薪三百五十萬圓的三十幾歲男性。她與他約出來見面，兩人相談甚歡，一見如故。

她暗忖：「可是……我所下的宇宙訂單，是不愁吃穿的幸福生活呀。」於是，她與許多年薪千萬圓的男性相親，但是跟他們相處都比不上跟他相處來得開心，她也不認為跟他們在一起會有未來。

後來，她還是喜歡上那名男子，心想：「或許我不應該執著於收入，反正只要能跟他在一起，我願意一起為生活打拚。」於是跟他交往，踏入結婚禮堂。原來，這個人就是前面那位邊上班邊做副業的男子，他的公司倒閉後，就將副業轉為正職，自立門戶了。

向宇宙下訂「幸福人生」的她，從結果看來，邂逅了年薪三千萬圓的人生伴侶。

好了，各位應該發現了吧？

我所舉的這兩個例子，兩位當事人分別向宇宙下了訂單，也分別遇見曲折離奇的插曲；正因為有那樁插曲，他們才能邂逅，結為連理。

既然你向宇宙下了訂單，你所遇見的一切，都會帶你走向實現訂單的道路。

「讚啦！我的願望要實現啦！」

無論發生什麼事，一定都要說出這句話，跨越難關喔！

財源滾滾法則就是「行動至上」，每一刻都在考驗你的行動力

財源滾滾的法則，其實就是實現所有願望的宇宙法則。

因此，誠如我的前幾本著作所述，**你向宇宙下訂單的那一刻，宇宙就已經展開行動了。**

所以，你的宇宙訂單，必須是自己的「人生先生（小姐）」眞正想要的東西。

「希望得到一百萬圓」這種訂單，宇宙是接收不到的。因爲金錢只是一種工具，因此宇宙聽了只會納悶：「咦？呃，所以你的願望是什麼？」

「三年後，我在夏威夷變成了知名草裙舞老師。」

如上所示，你必須制定具體的期限、描述未來的幸福狀態，向宇宙下訂單。宇宙接下訂單後，就會爲你準備實現願望的必要資金。

下訂單的那一刻，宇宙也同時轉動了方向舵，接下來你只要兵來將擋、水來土掩，確實接收宇宙給予的提示就好。

比如說，在路上與睽違幾十年的舊識偶然重逢，或是在跑馬燈上看到自己想參加的講座資訊……宇宙的提示一定會出現，請你務必把握。

如果你覺得「嗯，這可能是提示喔」，請立刻展開行動。

「哎唷，可是我又不知道這是不是提示……」千萬不要猶豫，總之動起來就對了！是不是提示，你事後就知道了。而且如果不動起來，你永遠不會知道它是不是提示。說來說去，地球就是一顆行動之星啊！時時刻刻，地球都考驗著你的行動力。

總是擔心「當下」錢不夠用的人，應該先看看半刻後的未來

「活在當下。」

聽了這句話，你腦中浮現什麼想法呢？

很多人都覺得是拚命活在當下這一刻，但**我所說的「當下」，是指自己所能控制的「近在眼前的將來」**。

畢竟當你說出「當下」，「當下」這一刻就已經過去了，是我們無法控制的。

因此，請將幾秒後、幾分鐘後、幾小時後、幾天後的時間視爲「當下」，想想要如何「活在當下」，然後展開行動。

同樣的道理，也可以套用在花錢上面。該如何使用手上這筆錢？你要想的不是花錢那一刻，而是在花錢之前，你可以跟錢錢進行多少交流。

說得再深入一點，你平常就應該定好原則，制定自己的花錢方針。如此一來，到了緊要關頭，你才能果斷決定如何用錢。

如果你被「當下這一刻」困住，就會總是不知不覺間將錢花光、人生不知不覺又卡關、家裡總是髒亂不堪、人際關係總是遇到障礙……反覆陷入「當下的困境」。「當下」走投無路的人，請現在立刻到外面走走，看看世界有多麼寬廣。希望各位能明白，外面的世界，比你「當下」的處境寬廣許多。

如此一來，你就能將眼界放得更遠一點。

打敗夢想殺手

8

錢錢劇場

「好，我決定了！
我要搭船環遊世界！」

「小、小池……！
你是認真的嗎……！
你會帶我一起去吧？！」

「好，要加油囉！」
「你、你要划木筏喔？」

此時，
有一名路過的長者說道：
「你該不會想划木筏出海吧？
我有一艘閒置的遊艇，
你拿去用吧。」
「什麼！」

如此這般，
小池了得到一艘大遊艇，
關心搭乘遊艇環遊世界一圈。
眾人對此嘖嘖稱奇，
想不到可以這樣環遊世界！

對宇宙發出跟金錢有關的訂單時，
夢想殺手也會出現喔！

天啊啊啊！那該怎麼甩掉夢想殺手？

嗯，不必那麼害怕啦。
首先要堅定立場，
畢竟在自己的宇宙中，其他人的聲音說穿了，
就是你自己的聲音。

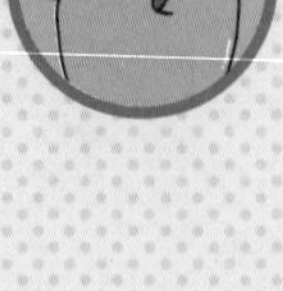

無論被誰瞧不起、
被誰說「你絕對辦不到」，
都絕對不能退讓。
既然決定要做，就先給我動起來！
就算失敗了，頂多再踏出下一步就好。
別管別人怎麼看，
你的人生只有你能負責，
叫夢想殺手滾一邊去！

如果遇到金錢領域的夢想殺手，就說出「這個字」

向宇宙下訂單後，夢想殺手一定會出現。

因為，當你想從現在的宇宙轉移到新宇宙，宇宙會考驗你「是否已做好心理準備，真的想走那條路」。

夢想殺手會用各種姿態出現在你面前。

比方說，當你決定自立門戶時，夢想殺手可能化身成你朋友，告訴你：「自立門戶哪有那麼簡單！」猛烈反對你的決定；當你決定結婚時，可能也有人會說：「結婚根本是人生的墳墓。」

總之，他們就是想把你拉回原本的道路。

「我就是要走訂單這條路。」

你能否堅定地向宇宙如此宣告，將是實現訂單的重要關鍵。而說到錢，夢想殺手當然也會現身。

比如說，當你決定中止浪費錢的定額分期付款，改在一年內還清時，當業務的朋友突然冒出來說：「這個月我的業績很慘澹，跟我買個五萬元的產品吧！你可以用定額分期付款喔！」這就是活生生的夢想殺手啊。

你必須有勇氣賺錢得到幸福，也必須有勇氣認真對待金錢。

錢錢跟宇宙，都在看你是否能鼓起勇氣。

尤其金錢領域的夢想殺手，最喜歡在當事人正視自己的財務問題，決心著手解決時，冒出來阻止當事人邁向富裕的人生。

當你下定決心，正視那些最關鍵的問題、逃避至今的問題、埋藏內心多年的人生課題時，夢想殺手就會現身。

因此，既然你向宇宙送出了跟錢有關的訂單，就要在心中認真面對繳費期限、截止日期等期限與數字。接著，如果有夢想殺手對你說「你辦不到啦！」「我們去打小鋼珠吧！」，就要對他們說：「NO！」

當然，這一步恐怕是最可怕的，這可能也是各位首度說「NO」。不過，如果你能堅強面對，那麼問題可說已解決了大半。無論你現在有多少債務，解決的途徑都已經爲你準備好了。

有時候，「夢想殺手」就是自己的心靈

夢想殺手不一定是你眼前的某個人。

有時，你的「心靈」也會成爲夢想殺手。

明明自己眞心希望夢想能實現，心靈卻對自己說謊，阻止自己實現目標。

人類的心靈接收大腦發出的訊號，再對身體下指示，因此心靈可說是驅動人體的指令。身體的安全永遠是最高準則，心靈所做的一切，都是爲了讓人類的身體能安全無虞地在地球體驗人生。

所以，心靈對危險是很敏感的。即使你心中眞正、眞正、眞正的渴望某件事，心靈還是會欺騙你，好讓你避開危險。**我們可以這樣說：心靈的存在目的，就是為了欺騙你心中真正、真正、真正的你。**

心靈是一種安全防護裝置，它會使你下意識避開「小時候體驗到的危險事物」。你也會將父母灌輸的金錢觀與生活方式，設定爲安全防護裝置的啓動標準。

「當公務員捧鐵飯碗才是最棒的！」

「頂著高學歷進大公司就職，人生才有價值。」

父母將自己那一套幸福論灌輸給小孩，而且還將自己無法達成的目標寄託在孩子身上。當然，很多父母都深信「這是爲了孩子好」，但這並非事實。

明明自己心知肚明，但小時候父母那套幸福論與求生守則所建構的安全防護裝置，直到你長大成人，依然持續運作。

如今你已在寬廣的世界獨立生活、自由作主，心靈卻還是堅信著小時候那套不穩定的安全防護裝置能保護你。

心靈最重視的永遠是身體的安全，因此它會讓你察覺不到心底眞正的渴望，讓你活在那套被灌輸的價值觀之中。

即使你相信「這就是對的」，人生中卻總覺得哪裡不對勁。

沒錯，當你覺得哪裡不對勁，就表示這是看穿心靈謊言的大好機會。接著，你要檢視自己在人生中是否感到雀躍。

「心靈」是讓你在物質世界活下去的裝置，而眞正、眞正、眞正的你（靈魂），則是近似於宇宙的存在。

潛意識與宇宙相連，換句話說，就是因爲潛意識發現了什麼，才會透過宇宙傳送某種覺察的訊息給你。

那股「不對勁的感覺」，就是訊息。

如果你覺得目前的生活有點不對勁，或許，這正是你重新檢視人生的機會喔。

聽好了！
所謂的招財法並不是什麼
偏門怪招，
而是那些看起來理所當然，
大家卻不去做的事。

第 4 章

花錢最高準則：逗錢錢笑！

解放錢錢束縛的時代，於焉來臨！

9 錢錢劇場

小池爾與宇宙特
在森林裡迷路了。
「哇，是金幣耶！」
兩人在腳邊發現金幣，
於是便循著金幣一路往前走。

走著走著，
兩人抵達一棟
用金幣蓋成的房子。
「哇噻，好多金幣啊！」

小池爾將金幣裝滿袋子，
如此說道：
「太好了！
這下子，
我就是全世界最有錢的人了！
這個地方，
我絕對不會告訴任何人！」
說完，
金幣與金幣屋就瞬間消失了。

小池爾將金幣裝滿袋子，
如此說道：
「太好了！
我要把金幣帶回家，
跟大家一起做些開心的事！
我要告訴大家這個好地方，
讓大家一起變幸福！
金幣，謝謝你們！」
說完，
金幣屋變得更龐大，
天空也降下了許多金幣。

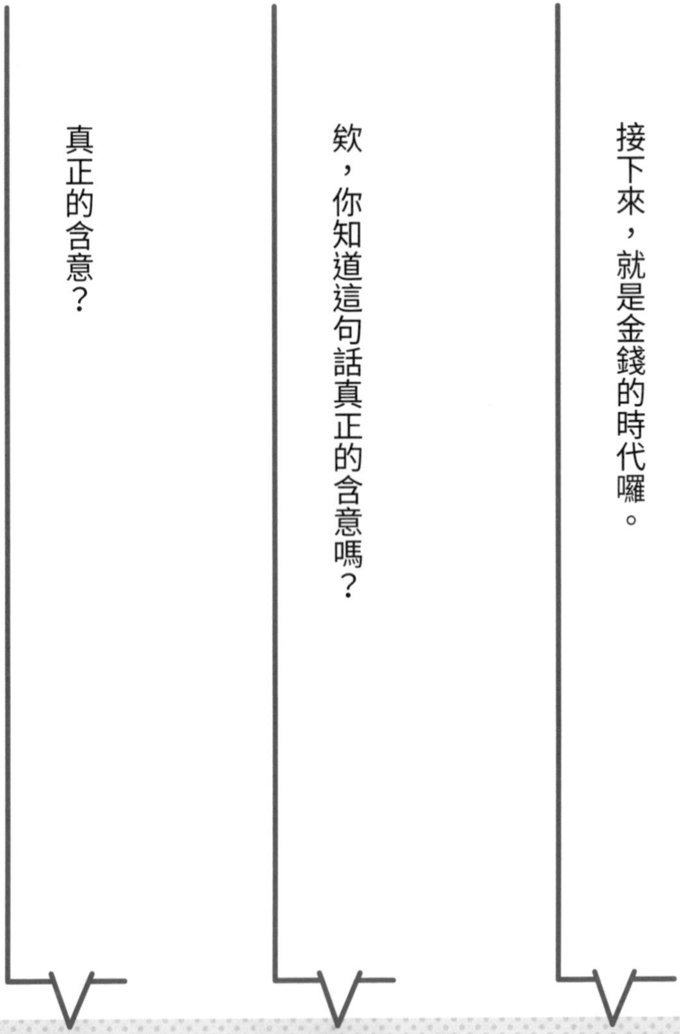
接下來，就是金錢的時代囉。
欸，你知道這句話真正的含意嗎？
真正的含意？

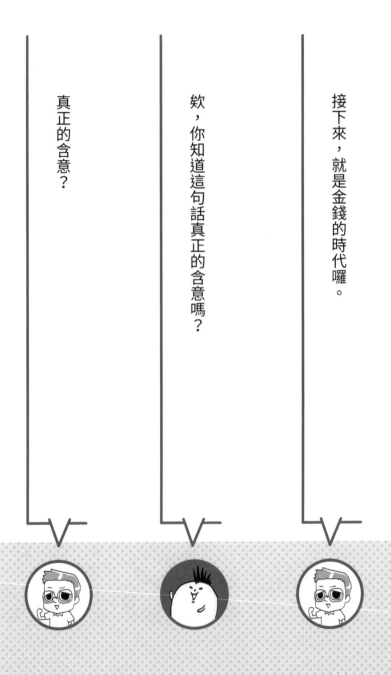

金錢的時代，同時也是金錢消失的時代。
因為物質的金錢，
將逐漸變成肉眼無法看見的粒子。

接下來這幾年，
就看你能否拋開老舊的金錢觀，
擁抱新觀念了！
接下來金錢的循環將會更快速，
所以，若是你不能將錢花在讓所有人開心、
讓自己幸福的地方，
就無法成為有錢人！懂嗎！

為什麼風象時代就是「金錢的時代」？

很多人都說，二〇二一年（編按：本書在日本是二〇二一年發行）進入了風象時代。[1]老實說，我不大了解靈性的世界跟星象，只是，從我個人看來，宇宙現在確實產生了巨大的變化。

從物質時代演變爲資訊時代。

從崇尚安定演變爲崇尚旅遊。

如果這就是「風象時代」，那確實沒錯。

我說過，從二〇二一年起，「金錢的時代就來臨了」。

這種現象，應該會持續好幾年吧。

我說的「金錢的時代」，是什麼意思呢？我所指的並非重視金錢，而是恰恰相反。

我認爲，目前正逐漸進入「不受金錢所束縛的時代」。

從今以後，大家將會從所有的物質與既定規則中解脫，每個人都能走自己的路，並且照自己的步調得到幸福。

而金錢，也會變得愈來愈自由。

以前的金錢泛指紙鈔跟硬幣，但現在已全面邁向電子化了。市面上也愈來愈多小型錢包，以前流行「想變成有錢人，就在錢包裡放入一百萬圓，感受金錢的重量吧」，但這種招財法，恐怕不久也會消失。

這幾年，人們將拋開老舊的金錢觀，徹底檢視金錢的意義。因此，我才說風象時代就是「金錢的時代」。

此外，今後的重點，將不再是賺一堆錢存起來，而是讓金錢乘風流轉，考驗你花錢

---

1 以占星術而言，就是進入崇尚肉眼看不見的無形價值的時代，如知識、資訊等等。前兩百年左右是土象時代，崇尚物質與財產。

的智慧。

不要將財富囤積在一個地方，而是積極地藉由金錢使家人與周遭的人也得到幸福，這才是能受到宇宙祝福的花錢方式。

金錢將逐漸脫離物質的概念，發揮自由意志，因此你也必須讓「錢錢」在你的宇宙中，變得比以前更加自由。

不可以禁錮錢錢

不要否定、不要停止金錢的流動、輕柔對待錢錢。讓錢錢感到幸福，可是非常重要的喔。

錢錢有自由意志，意思就是說不能將來到自己身邊的錢錢視爲「你是我的東西，你要聽我的話」。**意圖禁錮錢錢、將錢錢當成下屬的人，是無法匯聚金錢的。**

根據日本的「八百萬神」思想，[2]所有人都是神子，萬物皆有神靈。由此推論，金錢也是一種神吧！若是將祂具象化，說不定是一條金龍喔。

請想像龍在天空自由飛翔，撒下閃亮金粉的模樣。金粉所及之處遍地豐饒，宇宙閃耀著金黃色光輝，每個人都變得更加幸福……應該不會有人想將這條龍關起來吧？

而裝錢的錢包跟存摺，就像是神社或神龕。

因此，當金錢之神來到你的錢包時，請愼重迎接、誠心尊敬，金錢之神離開時務必在心裡深深一鞠躬。

金錢在財富宇宙循環不息，請在心中時時擴大財富宇宙的版圖，維持與財富宇宙的連結。

---

2 日本神道是泛靈多神信仰，八百萬神是指數量很多的意思，不是日本眞的有八百萬個神。

認真對待
手上的「小錢」

10 錢錢劇場

小池鶴受到老爺爺的幫助，
於是化身為一名少女，
前來向老爺爺報恩。
「我在織布的時候，
請千萬不要偷看。」
語畢，
少女便開始閉關了。

「唔嗯嗯嗯……
我身上的羽毛有限，
還是先想清楚，
再拔下來使用比較好！」
小池鶴小心翼翼地
一根一根拔下羽毛，
從試錯中慢慢摸索。

幾個月後……

「對了，
那個女孩
怎麼還在閉關？」

「真的耶。
我每天都將飯菜放在房門口，
但她一步也沒踏出過房門。」

「深思熟慮確實很重要，
沒錯，重要歸重要，
但你要拖到什麼時候才完成啊！」

不要整天幻想總有一天，
人生會天外飛來一筆橫財！

你是說摸彩之類的東西吧？

因為「總有一天」對宇宙而言，
是拒絕的能量。
錢錢們聽了，也會認為「啊，那個人在拒絕我」。

那麼，該怎麼辦才好呢？

最重要的，應該是想想該如何善用手頭上的這筆錢，
使它帶來歡笑與幸福。
比如說，如果你手上只有一百五十圓，
就認真想想可以用一百五十圓買什麼！
一切就從這裡開始！

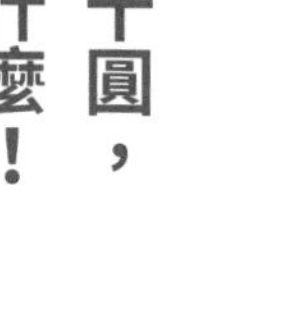

你會如何認真運用手頭上的錢？

人很容易將擁有的東西視爲「理所當然」，不在意自己「擁有」什麼，只在意自己「沒有」什麼、「缺乏」什麼。

「謝謝」這兩字，可以提醒大家想起自己所擁有的富足能量。

「謝謝」這兩字，就是讚美富足能量的關鍵字。隨時隨地將「謝謝」兩字掛嘴上，就會引發許多奇蹟（我所體驗到的眞實奇蹟，全寫在《從負債2000萬到心想事成每一天：15個實現願望的口頭禪，符合宇宙法則，越說越好運！》，請各位務必一讀喔）。

如果想變得更加富足，請與現在手上能自由花用的錢錢好好談一談，總之要拿出最慎重的態度。

認真地思考各種可能性，想一想該把錢花在什麼地方，才能使錢錢笑逐顏開，讚嘆道：「原來還有這種花錢方式啊！」就算只有小錢也沒關係，上述的花錢方式，正是最強大的招財祕訣。

我在深陷負債深淵時，手上有一家精品服飾店。自從下定決心還債之後，我最迷惘的就是應該邊開店邊還債，還是乾脆把店收起來，去當上班族呢？

不過，我馬上就做出決定了。每個月要還四十五萬圓，在當地當上班族根本賺不到那麼多錢，就算下班兼差也不夠；相較之下，還不如想想如何靠自己經營的店賺錢，可行性也比較高。

因此，我決定早上到超市打工，負責理貨，然後繼續經營服飾店。

我將店裡的服飾換成當時最流行的圖案風格，重新出發。

「好，只要是我能辦到的，我都要放手去做！」

當人心中浮現這樣的想法時，與生俱來的天神等級潛力，於焉甦醒。

首先，我改掉了說喪氣話的習慣，而且決定徹底檢視手邊的金錢，思考該如何花用。沒錯，就算只有一萬、一千、十元，都要徹底好好利用！

服飾店進貨都是買斷制，因此，賣不掉就是賠錢。開一家服飾店，理應備齊同款商品的XS到LL尺寸，但是風險極高。所以，我在進貨時會想想有哪些常客喜歡這個圖案，只進最多人買的尺寸。

我在進貨時會花很多時間考慮，搞得廠商抱怨連連，但我手上資金非常有限，不花在刀口上怎麼行呢！

當然，我們在生活中也可以「徹底思考如何善用手上的錢」。

既然手上只有一百五十圓，那麼要買烤雞的話，應該買烤雞肉串呢？還是買醬汁比較多的烤雞罐頭呢？

無論在什麼時候，我都會想辦法善用手上的錢，換取最大的快樂。

對了對了，以前還發生過這麼一件事。
我在東京上班時，工作上需要配戴手錶，但我手上錢不多，預算只有三千圓。
我去逛購物中心，當時店裡有不少價格在預算之內的手錶，但款式我實在不喜歡，於是我又逛了第二家、第三家，連逛好幾家店。雖然三千圓不是什麼大錢，但也是我身上僅存的錢，我可不想隨便買支不中意的錶將就著用。
不知道逛到第幾家（大概在池袋的PARCO那一帶吧），我第一眼看到某支錶，便脫口驚呼：「哇，好有意思的錶喔！」
那支錶的錶面是簡單的黑色圓盤，用數字簡單標示著一到十二點。不過，歪頭一看，圓盤中央竟然有個渾圓的穹頂，眞是別出心裁的設計。價格正好是三千圓，剛好在我的預算之內！於是，我心滿意足地買了這支錶。
戴著這支錶上班時，看到的客人無不驚呼「好特別喔！」「好有意思！」，手錶成爲工作上的好話題，而我也非常愛惜這支錶，配戴了好久好久。
這支三千圓的錶，爲我創造了十倍以上的巨大價值。

不要整天想著要賺到多少錢，先全心全意專注在如何運用「目前手頭上的錢」，錢錢一定會眼睛一亮，心想：「啊！你終於注意到我了！」

你跟錢錢的關係，將從這裡重新開始。

如果手上有一萬圓能自由花用，你會花在什麼地方呢？請全心全意認眞想想看。花在什麼地方，錢錢才能露出開心的笑容呢？

無法帶來雀躍的東西，我一塊錢也不會出

或許我平時看起來花錢花得很大方，但其實並非如此。

花了這筆錢，我會感到「喜悅」與「雀躍」嗎？無法帶來雀躍的東西，我連一塊錢都不會出。現在依然如此。

喜悅與雀躍不會在日後變成罪惡感，是非常純粹無瑕的。

有些人會說：「花錢時覺得很雀躍，但東西買了之後，我卻覺得罪惡感很重……」

這表示，你並沒有眞的感受到喜悅與雀躍。

爲什麼呢？因爲花錢有罪惡感的人，心底多半都知道下場是什麼，卻還是衝動消費。因此，這股罪惡感或許是「對於自己明知故犯感到自責」。

以我個人來說，我在消費前是很清楚自己有沒有感受到「喜悅」與「雀躍」的，因爲就像我說的，我在消費前必定再三考慮，而細細思索的過程，其實也是一段幸福時光唷。

老話一句，金錢的流動法則，就是「事先付款法則」。

假設我在豬豬存錢筒投錢，那麼豬豬存錢筒就會化身爲「富足能量的增強裝置」，將它體內無窮無盡的富足能量灌注在我身上。

我很樂於將錢花在能帶來喜悅的地方。

我最喜歡的運動鞋、汽車，還有跟親朋好友吃飯……這方面的消費，我花錢絕對不手軟。

因爲我知道，花出去的錢跟消費所產生的喜悅，必定會循環不息，使我的宇宙變得富足。

消費的最高準則，永遠在於消費能否帶來「喜悅」。

從現在起就練習聰明消費，只將錢花在你開心、被花出去的錢錢也開心的地方，讓錢錢欣然變成你喜歡的東西吧！

事先付款法則能提升財運！你的消費是「事先付款」還是「浪費」？

不只金錢，宇宙的一切全都是奠基於「事先付款法則」。

你必須先向宇宙下訂單，宇宙才會採取行動；先對宇宙提出問題，宇宙才會回答。鼓起勇氣踏出一步，「託福使者」才會現身；必須先下定決心讓自己得到幸福，才能遇見幸福。

因此，一切都是事先付款。

希望各位勿忘鼓起勇氣踏出一步，勇於事先付款。

每每提起事先付款法則與金錢相關話題時，總會有人問我：

「該如何分辨『事先付款』與『浪費』？」

每次都有人問，就代表愈是經濟拮据的人，愈容易分不清楚兩者的差異。

差異在於「你在消費時，有沒有開開心心地歡送錢錢」，同時也別忘了問自己：「這筆消費的目的，是爲了讓我的人生得到喘息的空間，好實現訂單，邁向理想的人生嗎？」。

有些人聽了上述答案後，告訴我：「我本來是抱著事先付款的心態消費，結果到頭來只是浪費錢。」

遇到這種情況，首先要想想看，「付出這筆錢之後，你得到了什麼」。

這在心理學中稱爲「附帶收穫」（secondary gain），雖然當事者看起來非常痛苦，但只要維持現狀，當事者就能從中「得到某些好處」（儘管看起來是損失）。

比如說，有人覺得失去金錢或是賺不到錢，就能「放棄當一個完美的自己」。

因為缺錢、賺不到錢，所以可以合理化自己的逃避，不去面對真正想做的事。

各位想必很納悶：「眞的有人希望遇到這種事嗎？」

請各位想想看，過去是否曾因爲自己低調、刻意隱藏實力，反而能安然度日？如果你有這種經驗，可能會下意識認爲「這樣做最安全」。

若想知道自己在「附帶收穫」中得到了什麼，不妨對自己及宇宙提出以下疑問。

「我主動放棄金錢，得到了什麼好處？」

就算一時想不到答案也沒關係，答案，總會在不經意間浮上心頭。

假如你能喜孜孜走向櫃臺，一邊付錢一邊說：「謝謝！記得帶朋友回來看我喔！」那麼，這就是「事先付款」了。

請重新檢視自己的心態，看看自己是散財童子，還是事先付款法則的實踐者。

喜歡請客的人，會遇到什麼事？

如果有人問：「什麼樣的人，是與財運絕緣的人？」我的答案是：「總是將錢花在『你體內眞正、眞正、眞正的自己不樂見的地方』的人。」

那種人最大的特徵，就是喜歡將錢用來「買禮物送人或請客」的人。這種人最喜歡將錢花在別人身上，卻吝於爲自己花錢。

總是將別人擺在第一順位的人，很容易陷入「每次都只有我吃虧」的思維。

如果心底懷著這種想法，儘管看起來是用錢做好事，受贈者卻無法發自內心感激並接納。

爲什麼呢？因爲人的深層思維擁有強大的能量，會在不知不覺間向四周發出「訊息」。受贈者感覺得到你的不甘心，而這種沉重的負擔，會掩蓋掉你請客贈禮的好意。

結果，對方收了禮物反而感到愧疚，久而久之，就會逐漸與你拉開距離。

因此，在這種情況下，是無法建立健康的人際關係的。不僅如此，錢錢好不容易來找你，結果你卻常花在別人身上，而且還花得不甘心，錢錢一定會很傷心，心想「我來找你是想讓你得到幸福，結果你把我用在別人身上，還一副哀怨的樣子」。

請留點錢給自己（即使只是一點小錢也沒關係），將錢花在讓自己感到喜悅的地方。幫自己買束花、喝杯拿鐵，也很棒啊。

附帶一提，我記得自己當年會假裝記錯還款金額，留幾百塊給自己買汽泡酒。這成爲我小小的幸福回憶。

與其存錢，
不如讓金錢流動

11 錢錢劇場

某個地方，
有一個憨厚老實的樵夫。
「我要得到金斧頭，
變成全世界最厲害的樵夫！」
他每天都會先去神社向神道謝，
然後才出門砍柴。

有一天，
樵夫在砍柴時不小心手滑，
將鐵斧頭掉到泉水裡。
咕嚕咕嚕……
泉中女神現身了！
「我是偉大之泉。
謝謝你常常給我香油錢。
你想要的是金斧頭？
還是銀斧頭？」

憨厚老實的樵夫說道：

「我掉下去的是鐵斧頭，

而且，那個不是香油錢……」

不料，女神頓時橫眉豎目，

手上的斧頭也變成了紙扇。

「小池，你白痴啊！」

「老子說是香油錢就是香油錢！
還有，老子問你要不要金斧頭，
你就給老子回答『是！我要！』
臭小子！」
「咦！咦！現在是在演哪一齣？」
「你都下訂單也行動了，
就給老子接受啊！」

很多人都認為，只要在神社捐款或奉獻香油錢，
就能提升財運了。

嗯，這樣想也沒錯啦。
問題在於，當事者捐錢的時候，是懷抱什麼樣的心態。

如果捐錢捐得不甘願，錢錢是會傷心的。
開心花錢，被花出去的錢錢也要開心，
這就是重點。
若能笑著捐款，
你捐出去的錢錢，一定會將富足能量帶回來給你。

切記：「天有不測陽光」啊！
你們要多向小池看齊，
花錢時務必咧嘴傻笑，
錢錢一定會喜歡你！
至於害怕金錢的人吶，
別妄想錢錢會來找你啦！

存錢的目的不是「消除不安」，而是「行動」

這個時代，是金錢循環不息、散播富足能量的時代。前面我也說了很多花錢的重點，如果各位「擔心沒錢，所以存錢」的話，等於是將金錢觀倒退回到舊時代。

如果是「我要存錢報名講座」或「我要存錢用現金買家具」，先將花錢的目的變成訂單再存錢，那麼存錢自然是實現願望的行動之一，但如果存錢的原因是「我擔心以後生病」或「我怕老了沒錢活不下去」，你的擔心將變成宇宙訂單，最終成爲現實。

懷抱恐懼所發出的訊息與行動，必定會增強恐懼能量，將恐懼化為現實世界的實際災難。

使用金錢的不二法則，就是：無論是暫時存錢或是花錢，都要笑著執行。

「我存錢是爲了體驗富足的事物，呵呵呵呵呵。謝謝錢錢！日後我一定會好好使用你們的，耶！」

這樣的人存錢，反而能體驗到更多富足。

面對錢錢，請記得笑口常開。

「天有不測陽光」。

對這句話深信不疑的人，就能笑口常開；而笑口常開的人，也一定會吸引許多笑口常開的人，匯聚在自己身邊。

當然，我們畢竟是人類，所以有時會感到不安，也會遇到許多不如意的事，而唯有遇到困難也能堅持笑著繼續努力的人，能將太陽拉向自己，並往前踏出一步，走進陽光下。

為什麼有些人捐錢會發財，有些人不會？

有個來參加我金錢講座的人，說過這麼一段話。

「聽說要捐錢才會變成有錢人，所以我想說努力看看，結果打腫臉充胖子的結果，就是讓自己日子愈來愈難過。」

捐款的重點，在於當事者捐款時處於什麼狀況，以及捐款時的心情。

「快去捐錢！」

「每個大富翁都有捐錢的習慣，我也來捐好了。」

這些想法，來自於猶太富翁自古以來的習俗。

他們爲了能心安理得的賺錢賺到爆、好日子過到飽，世世代代都會將財產的一成用來回饋社會。

將自己賺來的錢用來做好事，就能使財富循環不息。因此，他們抱著「只要我賺更多錢，世界上的人就能過得更幸福」的心態，才能盡情大賺其財，活絡經濟。

至於負債的人效法大富翁「捐錢」，這行爲對不對呢？對，但也不對。

爲什麼呢？對錯之分，在於當事者捐款時感覺到的是「喜悅」或是「悲傷」。

如果抱著負面情緒，心不甘情不願地捐錢，錢錢會認爲：「我好不容易來找你，你卻要硬著頭皮把我捐出去？與其如此，我寧願你小氣一點，或是拿去滿足物質欲望，只要用在你開心的地方就好。我來找你，可不是爲了讓你傷心難過。」

說穿了，金錢本來就會回到開心花錢的人身邊。因此，如果捐錢的「能力」與捐錢的「行爲」並沒有使你衷心感到喜悅，捐錢後也沒有眞心認爲「讚啦！這下子，我的願望就實現了！」，那麼，或許現在不適合捐錢。

不過，我希望大家能考慮一件事。

假如你得到一筆意外之財，而你想花在自己身上或是存起來，請記得將其中一成回饋給社會。

這種「意外之財」，在風水中稱爲「橫財」。「橫財」的意思是意外獲得的財富，或是用別人的不幸換來的錢。

比如說，你在車禍糾紛中拿到對方的保險賠償金，或是因爲某件事而得到的慰問金，這麼比喻是不是很好懂呢？此外，摸彩以某種意義而言，或許也歸在此類。

將這類的「意外之財」撥出一小部分回饋社會，亦能爲你帶來富足能量。

反過來說，靠著正當手段得到的錢財稱爲「正財」，將「正財」百分百用在自己身上，也會產生金錢的循環，所以請務必花在令自己開心的地方喔。

神社功德箱上的「淨財」是什麼意思？

大家都知道，神社的功德箱上面寫著「淨財」兩字吧？

「淨財」，是指不求己利，無私奉獻給世界跟眾生的錢財。

捐款也是一種「淨財」，但對我而言，投進功德箱的錢是表達謝意的謝禮，用來「感謝上天賜予我眼下的一切」。據說功德箱的日文「賽錢箱」的「賽」，是指「用祭拜來感謝神明賜福」的意思，說來說去，終歸是一筆感謝金呀。

此外，就我個人而言，香油錢也是一種設施維護費，好讓我參拜的神社能維持美麗莊嚴的樣貌。

各位，請試著將功德箱當成連接宇宙的富足能量流通裝置。往功德箱投錢，錢錢的宇宙就會與各位的宇宙相連，富足的金黃色粒子，開始如飛龍般舞動……想想那幅畫面，是不是很令人振奮呢？

近來，功德箱也開始電子化，人們可以用信用卡捐香油錢了。真不愧是風象時代，新時代的觀念，逐漸顛覆了舊時代的觀念。

新時代崇尚的是肉眼看不見的無形價值，因此資訊、知識、智慧、語言將變得更加重要，而想像力也不容忽視。提升想像力，才能提升「個人」的能量，使自己的宇宙發光發熱。

第5章

解開錢錢的詛咒！

對錢錢而言，
「憂慮」是一種詛咒

12 錢錢劇場

決定還清債務的小池蟻，
每天辛勤工作。
有一天，愛玩的宇宙蟋蟀出現了。
「欸，
你欠了那麼多債，
還真以為還得完啊？
反正不久就要回宇宙了，
欠債又有什麼關係？」

「嗯，不過冬天就要來了。
我想要還清債務，
跟家人在溫暖的家中一同過冬。」
勤勞的小池蟻
在腦中想像著幸福的冬季時光，
興奮期待地辛勤工作。

這年冬天，小池蟻
在巢中如願度過了幸福的冬天，
此外，
宇宙蟋蟀也闖入小池蟻的巢穴，
快快樂樂過日子。

「嗨，辛苦啦，小池蟻！」
「呃，你怎麼在我家啊？
連你都跑來爽爽過日子，
這樣還叫寓言嗎？」
「沒關係啦，
我一直都是這樣啊！」
幸福的冬天，
將帶來幸福的春天。

欸，豬豬。你不覺得，每個人只要一擔心老後生活，
就會開始拚命把錢存在你身體裡嗎？

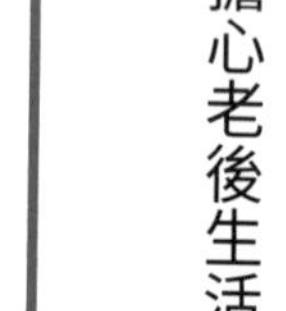

就是說啊！不過，
無論在我身體裡或是人間的存摺裡存了多少錢，
只要存錢時懷有「憂慮」，
錢錢就會受到阻礙，
變得非常不自由。
無限的富足能量就像河流或空氣，
隨時都渴望著流動。

那麼，該怎麼做才能消除憂慮，
滿懷欣喜地花錢呢？

那還用問嗎！
第一步，先下定決心「得到幸福」，
再來就是下定決心「安心過日子」！
自己的宇宙自己負責，
自己的幸福跟心靈上的平靜，也要自己負責！
連這點認知都沒有，還想過什麼富足生活？

「憂慮」真正的結構是「我想要一直憂慮，所以拒絕金錢」

你所說出來的每一句話，都會直接變成宇宙訂單。

因此，你平時的遣詞用字，將決定你的每一天、決定你的人生，當然，也關係到你的財運。

我在第一本書《從負債2000萬到心想事成每一天：15個實現願望的口頭禪，符合宇宙法則、越說越好運！》，也向各位介紹了這項宇宙運作機制。

如前所述，錢錢對憂慮與不安的能量非常敏感，因此會避開散發那類能量的地方。

畢竟錢錢是富足的能量嘛，所以說來也挺正常的。因此，請信任錢錢、對錢錢說好話，這點非常重要。

很多人聽了這段話，接著問我：

「可是啊，小池先生。我就是收入不穩定，才會擔心啊。」

「可是啊，小池先生。我在外頭欠債，哪能放得下心？」

「可是啊，小池先生。只要生活穩定下來，就不用再擔心啦。」

坦白告訴各位，其實恰好相反。

很多人認為是先有問題才有煩惱與憂慮，其實恰恰相反。是因為你擔心、憂慮、煩惱，這些擔憂才會具象化，變成問題。

這也是實現宇宙訂單的流程。

先發出訊號，宇宙才會開始運作。

因爲你不信任金錢，才會產生憂慮。

於是，在生活中遇到令你憂慮的狀況。

因爲你沒有對錢說好話，所以憂慮不會消失。

於是，一而再、再而三地發生令你憂慮的狀況。

打個比方，這就像有人問你：「怎麼了，今天遇到什麼鳥事嗎？」而你便下意識回答：「啊，對耶。」然後開始從腦海裡搜尋鳥事。一旦在心底認定「人就是得一直爲錢煩憂」，你就無法信任金錢了。

不只金錢，「憂慮」在整個宇宙場域中，都是詛咒。

這還用說嗎？因爲宇宙本來就不存在憂慮，而是一個充滿愛、祥和與信任的空間。特地將不存在的東西找出來折磨自己，不是詛咒是什麼？

「憂慮」，是地球上的人類用來保護自己身心的鎧甲。

這套理論，也可以套用在戀愛、夫妻、親子與職場上的人際關係。

如果成天擔心「丈夫會不會外遇」，「丈夫外遇」的訂單就會送達宇宙；如果擔心「是不是沒人愛我」，「沒人愛我」的訂單就會成眞；如果擔心「我家孩子是不是無法獨立」，孩子就會變成家裡蹲或啃老族。

相反的，財運亨通的人、事業成功的人，腦中不存在「憂慮」兩字，而是在人生中全心信任金錢與愛。

成長環境固然也有影響（父母是否給予足夠的信任與肯定，讓你知道無論發生什麼事，他們都會信任你、支持你？），但是人沒有必要因爲在成長過程中經歷了憂慮與不安，就困住自己一輩子。

因爲，如今你已經長大成人，有能力對「自己體內眞正、眞正、眞正的自己」表達信任。

「別擔心，我一定辦得到。」

「想做什麼，就去做吧。」

「無論發生什麼事，我都會信任自己、支持自己。」

我能夠十年還清兩千萬債務，正是因爲我決定「十年還清」，決定「相信自己」，持續不斷鼓勵自己。

相信自己，就從對自己表達信任開始。

先正視自己所擁有的東西

13
錢錢劇場

從前從前，
某個地方有一對兄妹，
哥哥叫做小池蒂爾，
妹妹叫做宇宙蒂爾。
有一天，住在隔壁的仙女
告訴小池蒂爾：
「我需要錢幫女兒治病，
請幫助我尋找金鳥。」
於是，兩兄妹便出發前往夢境世界。

小池蒂爾與宇宙蒂爾
在夢境之國與未來之國
都找到了金鳥，
然而一伸手抓住金鳥，
牠就變成金色的粒子，
消失無蹤。

兩兄妹疲憊不堪，從夢境中清醒。
他們向仙女道歉，
仙女聽了，對兩人說道：
「呵呵呵，其實呢，
只要心懷信念，
金鳥要多少有多少，
根本不需要抓。」

仙女說的沒錯。
她話才剛說完，
瞬間就出現了滿屋子的金鳥！
「是真的耶！」
「真的有源源不絕的金鳥啊！」

唉，我也好希望青鳥來找我喔。

啥？你在胡說什麼啊！
青鳥到處都是啊！

呃，根本就沒有嘛。

你這豬頭！
你說「沒有」，那就真的「沒有」了！
你說「有」，那就真的「有」！

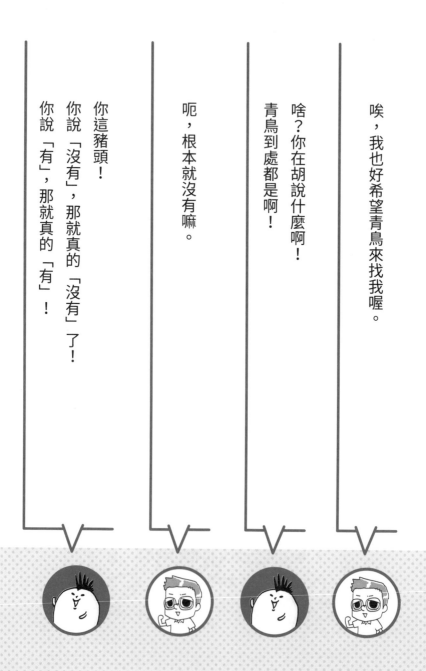

這話一點都不假喔。
明明滿地都是會生金蛋的金雞母，
大部分人卻只將牠們看成「普通的母雞」。

你要堅定相信「有」，睜大眼睛看清楚！
因為，你在這地球上所看到的所有一切，
都是你所創造的！
你認為看不見，那就看不見！
認為看得見，就一定會出現！

小錢也能變成「金蛋」——留意你所擁有的一切，就是幸福的開端

各位聽過《青鳥》這部童話嗎？

蒂蒂爾與米蒂爾是一對兄妹，出身於貧窮的樵夫之家。有一天，仙女化身成老婆婆，告訴他們：「我女兒生病了，請幫我尋找青鳥。只要青鳥來了，我們就能得到幸福。」於是，兩兄妹便出發尋找青鳥。

我認爲很多「想要錢的人」，狀況跟尋找青鳥相當類似。

蒂蒂爾跟米蒂爾前往夢境世界，他們在回憶之國、幸福之國、未來之國都找到了青鳥，但一踏出國境，青鳥不是變色就是死掉，令兩人相當沮喪。

早上，母親的呼喊聲喚醒了兩人，想不到家裡居然有青鳥！原來，是蒂蒂爾飼養的小鳥變成了青色。

這則故事闡述了幸福的定義。

當大家想像富裕的生活與幸福生活時，是不是絕大多數人都認爲，「幸福位在未來的遙遠彼方」？

沒錯、沒錯，從前人生不順遂時，我也是如此。

當時，我對滿桌帳單視而不見，也不懂得感謝上天讓我的店還能多營業一天，甚至當天客人買了一件T恤，我也感受不到開心——滿腦子只想要得到遙遠未來的「富裕生活」與「幸福人生」。

不過，說穿了，你手上所擁有的一切，就是幸福的開端。

請看看目前擁有的一切，手邊有多少錢？目前擁有哪些幸福？好好珍惜、極盡所能善用它們。先學習從身邊的萬事萬物感受到富足，就能逐漸增強富足能量。

不要忽視金錢的問題！

14
錢錢劇場

荊棘滋生蔓延的城堡高塔裡，
有一位日日沉眠的美麗公主。
有一天，她微微睜開雙眼，
看到城堡天花板漏水了。
公主對此視而不見，繼續沉眠。

有一天，
小池公主再度微微睜開雙眼，
看到烏鴉將石頭叼到城堡裡。
小池公主對此視而不見，繼續沉眠。

又有一天，
公主再度微微睜開雙眼，
看到爬滿城堡的藤蔓，
已經堵住城堡的窗戶了。
公主對此視而不見，繼續沉眠。

石頭堵住城堡的出入口，
藤蔓層層纏繞外牆，
天花板漏水，
王子見了這副慘狀，心想：
「這種鬼地方不可能住人。」
接著就打道回府了。

不准對金錢的問題視而不見！

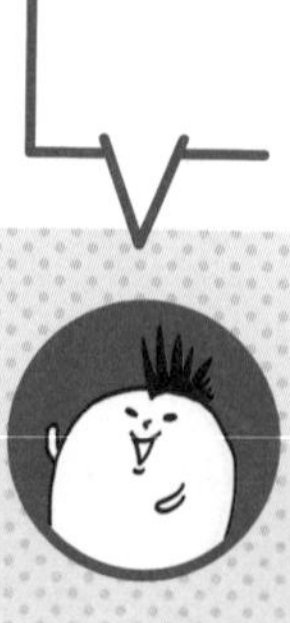

可是，錢的事真的很恐怖耶！

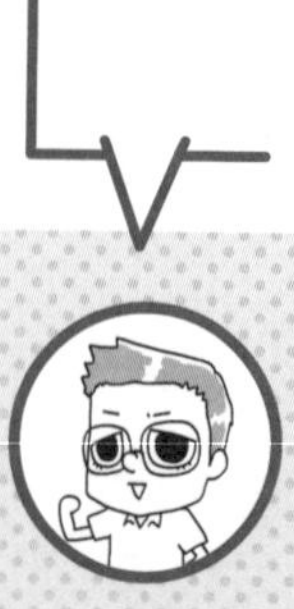

如果你一直對問題視而不見，
問題只會愈滾愈大喔。
其實也不只是錢啦，每件事都是這樣。
無論是好事壞事，
都是聚沙成塔、積少成多，
等到你回過神來，事情已經演變到難以想像的地步了！

這就跟存錢筒一樣呀。
投入存錢筒的錢，
也是由小錢累積成大錢的。
同理可證，如果對人生的課題或心靈創傷
視而不見，
問題就會愈來愈嚴重。
一旦發現問題，務必趕緊處理喔。

愈是隱藏金錢的問題，問題就會愈滾愈大

小問題累積久了，一定會變成大問題。

最初借的一萬塊，在日積月累之下，竟變成了兩千萬。

哇噻（笑）！我說的是眞的喔。

地球上的一切，無論是好是壞，必定積少成多。

爲什麼呢？因爲人類都想藉由一次又一次的行動（無論是好行動或壞行動），來累積「靈魂的經驗值」。

人類從心想事成的「宇宙」來到地球，就是爲了盡情「行動」。

無論是好是壞，人類都想盡情體驗。

住在垃圾屋的人，也是從囤積第一個垃圾開始的。

要考證照，也得先從題庫的第一行開始讀起。

每件事情，都有最初的第一步。

說到積少成多，好事的累積會愈來愈浮出檯面，成爲自己龐大的助力。而壞事的累積，則是愈來愈潛藏到檯面下，等到四周的人發現事情不對勁，多半已經難以收拾了。

因爲，儘管好壞都會累積經驗值，但積極正面的累積會牢牢扎根，能力則宛如新芽般朝著太陽成長茁壯，向世界發出訊號。

反觀負面狀態的累積——像是賭博、酒精成癮、外遇、欠債，都是些當事者想隱藏起來的祕密，於是它們不會對外萌芽，反而會在地下盤根錯節，拔都拔不掉。事情演變到這步田地，就很難獨力解決了。

「罪惡感」固然與此事有關，但最大的問題在於「隱瞞」。如果自己「做了壞事」又將它「藏在心底」，會對你的宇宙造成非常大的傷害。

一旦開始隱瞞，就會愈來愈開不了口，導致一直隱瞞下去，使你常懷罪惡感——因而無法對宇宙發出正面訂單。

「我想得到幸福！（可是我外遇，所以辦不到）」

「我想變成有錢人！（可是我欠很多錢，所以辦不到）」

如此這般，無形的「辦不到」能量就這樣寫在你的訂單上（就好像用隱形墨水書寫似的），散播到全宇宙。

最重要的是：心中藏著無法說出口的祕密，會拖累你的人生。

隱瞞祕密所消耗的能量，比你想像中還要龐大。這股能量本來能用來抓住幸福，結果卻用來隱瞞一切，豈不可惜？

如果你無法採取行動抓住幸福，不妨想想是否落入了這項陷阱。

宇宙機制不允許忽視問題

宇宙非常討厭忽視——應該說，宇宙系統根本不允許忽視的存在。

此外，現今的宇宙正一邊增強同時也一邊擴大愛的能量，因此若有人刻意忽視，宇宙絕不寬待。

這樣會發生什麼事呢？你所忽視、隱瞞的問題（像是金錢的問題），宇宙會將最強的光打在問題上，提醒你：「你看，就在這裡啦——」宇宙恨不得用光照亮你宇宙中的一切。

宇宙機制，是不允許「忽視問題」的。

從前有一段時間，我也不希望別人知道我欠債。

畢竟我是開店做生意的人，總不能對客人說：「那個啊，不瞞您說，這個月生意不大好……」因此，我假裝自己賺很多錢，現在，我也認爲這是正確的做法。

很多勵志書都提到「若要變成有錢人，就得先裝成有錢人」，以某種角度來說，這句話是對的。因爲，言行舉止都像個有錢人，這樣的行爲已經是一種宇宙訂單，宇宙會助你實現願望。

說到這兒，大家應該會感到納悶。

「裝成有錢人，不就是隱瞞自己沒錢的事實嗎？既然這樣做沒問題，就代表可以隱瞞啊！」

「一會兒說不能隱瞞，一會兒說可以隱瞞，到底是怎樣？」

好了，那麼此處的重點是什麼呢？

最大的重點是：你是否向最親近的人隱瞞事實？

比如向人生的伴侶——妻子隱瞞外遇的事實；向預定結婚的對象隱瞞負債的祕密；如果懷抱深沉的罪惡感一直隱瞞下去，將會使你的人生不進反退，問題更加嚴重。

附帶一提，我跟太太相遇時正好背了一屁股債，但由於我已下定決心十年還清，因此財運急遽上升，還款也非常順利。

既然有望還清債務，自然不需要隱瞞，而且我也決定「要找到一起攜手共度人生的眞愛」，所以向她道出一切，也表明「希望等我還清債務再結婚」。

不料，她回答：「咦，一定要等那麼久嗎？」於是，我們在債臺高築時決定結婚，而太太也從來沒擔心過我的債務。

她說，當時只認爲「阿浩一定沒問題的」。這是後話了。

如果當時我隱瞞欠債的事實跟她結婚，會發生什麼事呢……不不不不，我不要再想了！

正視金錢的問題，問題就會迎刃而解

如果你現在瞞著家人在外欠一大筆債，或是失業了不敢講、積欠賭債、與人有金錢糾紛、改不掉亂花錢的習慣，我的建議是：鼓起勇氣，對「身邊最親近、你最難以啓齒的對象」和盤托出。

若是一時找不到傾訴的對象，不妨找素不相識的債務處理專家或心理師談一談，總之一定要坦白說出口，不要暗自煩惱。

一旦坦白，你所隱瞞的祕密，就會從你的宇宙消失。你的思維傾向，將會從「好想隱瞞」轉變成「好想解決」。

四周的力量，會自然而然聚集在你身邊，「託福使者」也會現身相助。

「可是，要是坦白說出口，反而起爭執呢？」

有些人會有上述疑問，而確實也有這種可能。

不過，一個人暗自煩惱，是看不到一線光明的。

我也曾經被債務逼得走投無路，所以我很清楚，那種感覺就像獨自持續坐在黑暗中，導致視野變窄、思維僵化，甚至主動放棄「解決的可能性」。

所以，一定要找人談談。

連負債兩千萬都能想辦法還清，幾百萬的財務問題，又有什麼好怕的呢？

錢的問題，不只是錢的問題

15

錢錢劇場

很久以前，
有一隻壞心眼的小池狸貓
來到老爺爺老奶奶的家，
將種在院子裡的種子跟地瓜
挖出來吃掉。

虐待狂宇宙兔兔為了懲罰小池狸貓，
誘騙壞心眼的小池狸貓去砍柴，
謊稱砍柴能賺大錢。
接著，虐待狂宇宙兔兔用打火石
「咔嚓！咔嚓！」點燃
壞心眼小池狸貓背上的木柴。

狸貓發現背上著了火，
著急地想趕緊滅火，於是大聲喊道：
「對不起！
我不是故意惡作劇的！
我只是太寂寞了！」
「早點說不就得了！
幹嘛惹出一堆麻煩！」
虐待狂宇宙兔兔說道。

壞心眼的小池狸貓
向老爺爺跟老奶奶道歉懺悔，
並決定留下來幫忙做家務，
從此跟老爺爺老奶奶過著幸福快樂的生活。

給我聽好了。
你們以為是「錢的問題」的那些問題，
其實都是幌子！

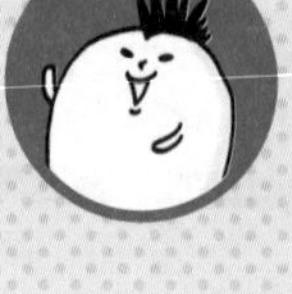

咦？幌子？怎麼說？

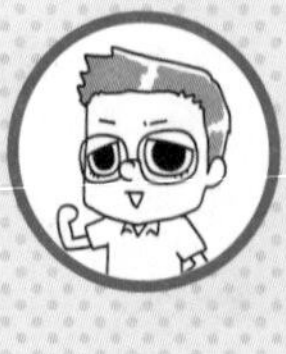

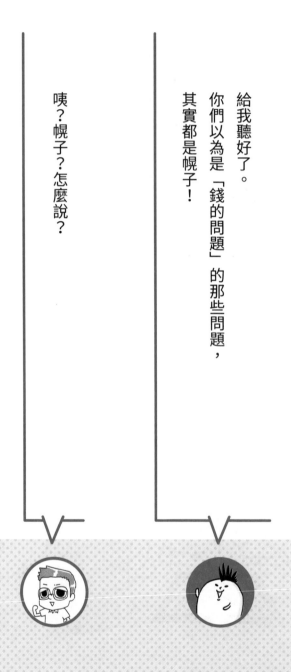

是的。很多人都認為自己過得不幸福，
是因為錢的關係，
但其實恰好相反。
那是因為你想要遠離幸福，
才刻意「拒絕金錢」。
從這角度思考，就能看出真正的問題了。

沒錯沒錯。你認為「沒錢所以辦不到」、
「人生為錢受盡折磨」，這不是真的；
真相是，你為了實現「絕不能得到幸福」的負面訂單，
才故意讓金錢妨礙你的人生！

找出隱藏在財務問題背後「真正的課題」

我的本業是能量石手環設計師，通常，我會幫客人做O環測試（編按：詳見系列第一冊《從負債2000萬到心想事成每一天：15個實現願望的口頭禪，符合宇宙法則，越說越好運！》），好幫客人找出合適的能量石。自開業以來，我經常遇到一種情形，那就是：

很多因為欠債、有財務糾紛、賺不到錢而來找我的客人，其實多半都不需要金錢能量石。

我觀察當事者的身體（也就是當事者的能量），發現很多人眞正的問題並不是金錢。

現在我已經不做個人諮詢了，以前我會一邊做手環一邊分析解讀客人的潛意識，提供相關諮詢。

以前，曾有一名四十幾歲的女性來找我諮詢。

「不知道爲什麼，錢老是存不起來，看到信用卡扣款明細卻想不起來刷了什麼，不知不覺間，竟然欠下一百五十萬的債務。我的夢想是成爲心理師，可是不僅沒錢上心理課程，連信用卡款都逾期未繳，而且我連報名婚友社的錢都沒有……」

聽完之後，我問她一句話。

「您對這件事（沒錢）有什麼感覺？」

「每當我要做自己想做的事情，就會被打斷。」

此時我恍然大悟，於是這麼告訴她。

「我認爲，您的問題並不在於錢。」

事實上，我幫她做O環測試時，發現從她的能量看來，她需要的是促進家庭和諧的能量石，或是提升戀愛運的能量石。

我又問得更深入些，才知道原來她跟母親一直感情不睦。她對母親唯命是從，從小到大都活在母親的掌控下，連找對象都得先過母親那一關；只要母親不喜歡對方，就不能交往。結果，她連一個男朋友都沒交過，一路走來非常孤獨。

探討缺錢的問題時，很多人都將重點擺在金錢方面（例如「我的金錢創傷是什麼」），但是問題的核心，不一定在於金錢。

就拿這位女性來說吧！她心中可能有個障礙，告訴她「我只能聽媽媽的話過日子」「我無法按照自己的意願自由生活」，因此才會故意陷入財務困境，讓自己「沒辦法做」想做的事情。

很多時候，當事者真正該面對的問題並不在於金錢，而在其他方面。他們只是藉由金錢，來反映自己的真實情況。

揮霍金錢或人生，其實代表心中的「悲傷」與「寂寞」

有時候，一段得不到愛的過往、心靈創傷、心靈匱乏，會使人揮霍無度。

這跟飲食失調、賭博與酒精成癮一樣，看到什麼就拿起來塞進空隙裡……簡單說，就是一股想填補匱乏的衝動。

然而，上述的行爲並不能眞正塡補心靈的匱乏，於是，只能無止盡揮霍下去。

尤其當人在成長環境中得不到安全感時，更會藉由賭博或酒精等刺激性事物來得到「活著」的感覺，或是藉由飲酒來麻痺自己，守護自己傷痕累累而敏感的心。

從周遭的人眼中看來，這些人就像是專門惹事的問題兒童，但其實他們是全家人當中最渴望家庭和諧的人，那顆幼小的心爲家人感到悲痛，並且就這樣被遺棄在過去。

此外，戀愛成癮也是因爲小時候得不到父母的愛，才會想藉由戀愛來奪回父母的愛。

擔心得不到愛的不安，會隨著時間愈來愈擴大，而這種強烈的不安，甚至媲美臨死前的恐懼。假如沒有好好處理這個問題就長大成人，很可能產生脫序行爲。

因爲父母的愛與存在，關係到小孩的生死存亡；失去父母的愛，對小孩而言就跟死亡一樣可怕。

有些人無法信任伴侶的愛，故意考驗對方的愛情有多忠貞，也是因爲將父母的影子投射在對方身上（「爸爸媽媽眞的沒有拋棄我嗎？」）。

伴侶終究不是父母，將別人的影子投射在對方身上、考驗對方的愛，只會使對方感到疲憊、沉重，因而離去。結果，有些人因此更加害怕失去，於是像個追著父母跑的小孩似地糾纏不休，不肯罷手。

無論是揮霍成癮、賭癮、酒癮或戀愛成癮，追根溯源，都是因為成長環境沒有給予足夠的安全感（導致激發求生欲），所以才會想藉由上述行為來填補愛的匱乏。

如果你懷抱著一股無法填補的寂寞或無法克制的衝動，第一件該做的事，就是停止自責。

因爲，那其實是支撐你活到今天的動力。

你該對自己說的話不是「爲什麼我就是改不了？」或「我眞沒用」，而是「謝謝我努力活到了今天」。

正視與金錢息息相關的「家庭故事」

我在本書開頭說過，財運好的人珍惜「自己的人生先生（小姐）」勝過於珍惜「錢錢」。希望透過這本書，能使各位讀者的「人生先生（小姐）」與「錢錢」攜手同行。

我總是告訴各位，你必須明白「自己宇宙的創造者就是自己」，進而解開所有束縛，得到自己理想中的富足。在此，我對各位還有最後一項建議。

如果你開始認為「反正我就是跟富足無緣」，不妨檢視一下自己的家族所傳承的金錢能量。

「我很富足」與「我老是跟富足無緣」，你的想法是哪一種？左右金錢觀的關鍵在於深植你體內的「家族中的金錢詛咒」，影響力大於宇宙訂單。

你的父母、祖父母、曾祖父母、祖先……整個家族的金錢觀，決定了你體內的「金錢根基」。

說是「詛咒」好像有點嚇人，但說穿了就是祖先們的金錢觀（「金錢就是○○」），如同DNA般代代流傳了下來（而且並非刻意）。

我在諮詢的過程中，也會採用爬梳家族創傷的心理治療法，在眾多家族創傷之中，「金錢」的影響力尤其強大。

「給予」與「拿取」的平衡，對於金錢的循環十分重要。

如果有一方只拿不給，平衡就會崩毀，導致循環停滯，產生不好的影響。

接著，冥冥中會有一股力量，促使你導正DNA所繼承的家族歷史金錢悲劇。

打個比方好了，假設你的家族代代都是大地主，佃農幫你的祖先耕作田地，但祖先卻對佃農很刻苛，使佃農的家庭三餐不繼。這樣會發生什麼事呢？

由於富足能量講求循環，於是，你的祖先所剝削的富足，將由對此一無所知的你來償還。

你就像是對天下宣告：「我賺來的所有錢，都用來代替祖先償還。」無論賺了多少錢，都會不知不覺間從指縫流失。

反之，假如你的祖先善待佃農、願意跟佃農分享成果，令佃農一家人感激不已，那麼金錢能量就會對這樣的循環非常滿意，使你在富足的循環中出生。

「不知道怎麼回事，金錢總是源源不絕地流到我手中。」

你將信任金錢、確認自己一定會賺到錢，一生金錢不虞匱乏。

這不是經由思考所得出的答案，而是第六感會告訴你：「我覺得自己好像不會缺錢」。

如果從小到大，你從來沒遇過引發心靈創傷的壞事，卻老是覺得「自己沒資格賺到錢」「總覺得賺來的錢，總是會消失不見」，不妨追溯自己的族譜，重新檢視家族的歷史和發生的故事。

接著，一旦在家族歷史中找到祖先與金錢關係惡化的證據，請雙手合十，對祖先說出以下這段話。

「家族與金錢之間的恩怨，從此與我無關。我與錢錢關係良好，非常幸福。」

我在本書內一再強調「接下來是金錢的時代」，意思是在這新時代，你應該重新檢視自己至今對待富足能量與金錢的方式，並且追溯整個家族與富足能量、金錢之間的關係。

換句話說，在全新的金錢時代中，物質時代即將告終，所有人都將重塑價值觀。

我已經放下折磨我、令我痛苦的錢錢，結識了願意一同與我歡笑的錢錢。我每天逗錢錢開心，自己也很開心。

這樣的日子，每天都美妙得不得了！

各位想賦予金錢什麼樣的意義，如何與之交流，創造什麼樣的循環呢？
從這一刻起，你跟全新的錢錢之間的「故事」，即將展開！

尾聲

「好，排演完畢！這齣喜劇還算有趣嘛！」宇宙先生說。

「好好玩唷，你們看，錢錢們也都很開心喔。」來自豬豬的聲音，響徹了廣大無垠的財富宇宙。

仔細一看，錢錢與金黃色的飛龍都聚集到小巧樸素的劇場四周，開心地笑著。

「好，我們回去夏威夷的海灘，準備正式上場吧。」

宇宙先生才剛說完，我就穿越了豬豬的投幣孔，回到海灘。

夕陽西下，一陣陣的海浪聲，響徹美麗的夏威夷海灘。

此時，我忽然想起小時候曾擁有一個小小的豬豬存錢筒。那是母親在聖誕節送我的禮物。現在我終於清楚憶起，當年將它捧在手心時，我聽見了宇宙的訊息。

「存錢筒不只是存錢筒，

而是連結無垠宇宙的裝置。

為自己跟周遭的人祈求幸福，

招來財富吧。

切記使金錢微笑，

如此一來，必能事事如願。」

那聲音非常不可思議，聽起來像是虐待狂宇宙先生的聲音，也像是上天傳來的聲音。從那天起，我努力將零用錢投進存錢筒，而且一邊投一邊說道：

「錢錢啊、錢錢，

請讓我的宇宙充滿無限的富足。

請讓我的家人得到幸福。」

——啊，原來，我那時就遇見豬豬啦。

我不禁感嘆：明明小時候能坦率向宇宙下訂單，不知不覺中，我卻忘了那份初心，選擇了痛苦。

我在長大後欠下兩千萬債務，說來簡直是鬼門關前走一遭，但是當我想起小時候那股一心信任金錢的心情時，一切都變得富足了。

「希望前來觀劇的各位，能明白金錢是無窮無盡的。我們來地球不是為了體驗痛苦，而是為了充分體驗富足，才會存在於地球上的。」

我喃喃說完後，似乎聽見了豬豬的聲音。

「就是說啊。我們的無限財富宇宙，永遠與人類的宇宙相通！」

後記

謝謝各位閱讀到本書最後！

錢錢劇場實在太有趣，總覺得一下子就結束了。

這回，我將心中關於金錢的各種心得改編成童話，也運用了擬人化的表現。

這一次的作品，依然是充滿了歡樂！

幫助我將構想化為實體的SUNMARK出版社橋口英惠小姐；

協助編排的MARU；

將「錢錢劇場」畫得簡單易懂又充滿戲劇性的ABENAOMI；

還有總是在一旁支持我的託福使者們，

我要對各位致上謝意。

最重要的，就是將寶貴的錢錢「變成」這本書的你！

恭喜你！

希望你的錢錢能對自己「變成」這本書感到開心，

也希望你能好好運用本書，如同書中劇場般地盡情活用、享受與歡笑。

別忘了，只要讓錢錢盡情歡笑、笑得前俯後仰、又驚又喜，
錢錢就會喜歡上你的宇宙，吸引更多錢錢到來。
正因為我經歷過負債地獄，所以我想藉由本書，傳達一些訊息。
我想說的是，與金錢相關的體驗，
應該是非常美妙、令人心曠神怡的。
賺錢固然如此，花錢，當然也是如此。
請留意身上擁有的金錢，注視著它們表達謝意，用在能使你喜悅的事物上。
如能恢復初心，從這一刻起，你的財運將大為不同！
你要做的事情只有一件：那就是與錢錢們一同盡情享受地球上的樂趣！
小池的錢錢劇場，在此即將進入尾聲，
但是你的錢錢劇場，現在才要開始呢。
好了！新宇宙來囉！大家集合！

二〇二二年三月寫於杜之都仙台

小池浩

memo

memo

國家圖書館出版品預行編目(CIP)資料

從負債2000萬到錢滾進每一天：15個讓財運爆表的富習慣，活出宇宙法則，錢錢與幸福自然湧向你！/ 小池浩著；林佩瑾譯. -- 初版. -- 新北市：李茲文化有限公司，2023.11
面；　公分

ISBN 978-626-95291-6-2(平裝)

1.CST: 自我實現 2.CST: 生活指導 3.CST: 理財 4.CST: 財富

177.2　　112016687

從負債2000萬到錢錢滾進每一天：

15個讓財運爆表的富習慣，活出宇宙法則，錢錢與幸福自然湧向你！

作　　者：小池浩 (Koike Hiroshi)
譯　　者：林佩瑾
責任編輯：莊碧娟
主　　編：莊碧娟
總 編 輯：吳玟琪

出　　版：李茲文化有限公司
電　　話：+(886) 2 86672245
傳　　真：+(886) 2 86672243
E-Mail：contact@leeds-global.com.tw
網　　站：http://www.leeds-global.com.tw/
郵寄地址：23199 新店郵局第9-53號信箱
P. O. Box 9-53 Sindian, New Taipei City 23199 Taiwan (R. O. C.)

定　　價：380元
出版日期：2023年11月1日 初版
　　　　　2024年3月5日 四刷

總經銷：創智文化有限公司
地 址：新北市土城區忠承路89號6樓
電 話：(02) 2268-3489
傳 真：(02) 2269-6560
網 站：www.booknews.com.tw

Change & Transform

想 改 變 世 界 · 先 改 變 自 己

Change & Transform

想 改 變 世 界 · 先 改 變 自 己